歐文·費雪的
繁榮與蕭條 (筆記版)

九大因素引爆全球金融災難
從過度負債到經濟大蕭條的循環解密

BOOMS AND DEPRESSIONS

(Irving Fisher)
歐文·費雪 著
伊莉莎 編譯

【繁榮幻象】當科技遇上金融危機 【債務風暴】揭開經濟蕭條的隱祕力量
【動盪平衡】破解經濟波動的根本原因 【貨幣迷局】掌控繁榮與衰退的經濟法則

歐文·費雪
破解繁榮與崩盤之間的脆弱平衡

目錄

前言	005
繁榮與蕭條：探尋九大關鍵因素	009
新時代的啟示：經濟變革的縮影	033
循環的奧祕：經濟波動的歷史縱橫	053
商業循環中的理論百家爭鳴	061
新發明與過度負債 —— 世界經濟大蕭條的趨因	069
治標治本之道 —— 重塑貨幣的穩定性	099
繁榮與蕭條下的資料觀察	151
黃金短缺與大蕭條	167
疫情背景下的貨幣流通	171
穩定經濟、恢復信心：全套經濟穩定計畫	193
新局面來臨 —— 激進的經濟提議	215

目錄

前言

我曾受邀於 1932 年 1 月 1 日就 1929～1932 年間的大蕭條為美國科學促進會（American Association for the Advancement of Science）做過一次演講，本書便誕生於那次演講，是對那次演講內容的詳盡闡述。

「商業循環」這一廣闊領域是我以前從未觸及的，我也從未試圖從一個整體的角度對其進行分析。

本書所討論的內容基本上限制在研究九個主要因素的作用上，這並不是因為它們涵蓋了蕭條這一主題的各個方面，而是因為在我看來，這次以及其他幾次主要的（即使不是全部的）大蕭條所產生的重大影響都主要展現在這幾個因素上。

正是由於有了這樣的限制，相比於就一個所涉及內容廣泛得沒有邊際的主題而撰寫的一篇論述詳盡的專著來說，本書的篇幅有可能更短；同時，我也希望在一個外行讀者的眼裡，本書也更容易讀懂。

無論如何，這九個因素相互之間都有著固有和明顯的連繫，因此我們不必訴諸經驗。在這一領域，實證研究是非常重要和關鍵的，但透過將那些明顯缺乏理性基礎的研究排除在外，我們可以清楚地劃定哪些是「首要的原則」。

本書中所提供的分析結果大致上來講都是嶄新的。但由於對這一領域的文獻非常不熟悉，因此我決定將本書的第一遍草稿以油印的形式提交給一些權威人士，他們當中有些人致力於所謂的商業循環的研究。幾乎毫無

前言

例外，這些人都從我的理論中發現了很多新穎而正確的東西。

然而，由於沒有進行持續多年的搜尋，我無法確定這些在我看來很新的東西中有多少已經被早先的一些作者預見到了，因此，本書的原創性貢獻（這也是本書力求達到的一個目標）究竟有多大，就留給其他人去評說吧。

你們將會看到，本書的主要結論是，蕭條多半是可以提前預防的，防止蕭條的出現需要一個明確的政策，而聯邦儲備系統需要在其中發揮重要作用。這一問題甚至比我們舊有的全國銀行系統存在的問題〔先是催生了《奧爾德里奇報告》（*Aldrich Report*）的發表，而後又促成了聯邦儲備系統的建立〕更為重要。

在我看來，在這種情況下我們應該不失時機地去採取一些必要的可行措施，包括國際性合作，從而將世界從它自1929年以來所遭受的這場沒有必要的苦難中解救出來。

如果這一極具實際意義的任務沒有很快得到認真執行，並且在另外一場席捲世界的災難到來之前也沒有圓滿完成，那麼我們可以預見，一個代表公眾輿論的重要實體將會追究某些特定的個人的責任。簡而言之，無知不能夠作為忽視所有實際經濟問題中最重要的一個問題的長期藉口。

但由於我所掌握的關於這一主題的知識只是最近才了解到的，因此在本書中，儘管我盡力刻意不去歸咎於國內外那些認為如果做了正確的事情就會避免蕭條發生的人，但還是感覺有些力不從心。

我要感謝我的幾個學生為本書所做的校勘工作。他們是萊斯特·V·錢德勒、J·愛德華·伊利、佛洛倫斯·赫爾姆、哈羅德·D·昆茲、N·J·林登貝格、小陶爾曼·A·米勒以及希德雷斯·溫頓。

我還要感謝多位經濟學家和一些朋友，他們帶著善意對初稿進行了閱讀，並從綜合的角度做出了評論。他們是詹姆斯·W·安吉爾、倫納德·P·艾爾斯、J·M·克拉克、維克多·S·克拉克、約翰·R·康芒斯、約翰·H·卡夫、阿爾弗雷德·考爾斯三世、W·L·克魯姆、H·C·伊迪、亨利·W·法納姆、華倫·F·希克內爾、雅各·H·霍蘭德、W·I·金、R·R·庫琴斯基、威廉·C·李、艾德蒙·E·林肯、H·L·麥克拉肯、歐內斯特·M·派特森、尼可拉斯·拉法洛維奇、馬爾科姆·C·羅蒂、E·R·A·賽里格曼、卡爾·斯奈德、G·F·華倫、弗雷德里克·V·沃、E·B·威爾遜、伊凡·萊特、昆西·萊特和艾德加·H·約蘭德。

我要特別感謝以下這些人，毫無疑問他們為本書犧牲了很多，他們花費了大量的時間和精力認真仔細地研究了書稿的部分或全部內容。他們是哈里·G·布朗、J·D·坎寧、C·O·哈迪、哈羅德·L·里德、N·J·希爾伯林和查爾斯·蒂皮茲。

最後，我要感謝我的同事羅亞爾·梅克，他收集了很多事實材料，仔細審讀了整個書稿，並幫助我重新撰寫了一些內容。感謝我的兄弟赫伯特·W·費雪，他從一個外行的角度，努力去讓一個艱深晦澀的主題變得更容易理解。有了他們的幫助，才使得我能夠以人人都能讀懂的淺顯語言寫就了這本書。

歐文·費雪

前言

繁榮與蕭條：
探尋九大關鍵因素

繁榮與蕭條：探尋九大關鍵因素

我很榮幸在1932年1月1日受邀為美國科學促進會（American Association for the Advancement of Science）演講關於1929～1932年間大蕭條的議題。這次演講奠定了本書的基礎，使我得以從整體角度詳細論述「商業循環」這個廣闊領域。

雖然此領域涵蓋範圍廣泛，但我將重點集中在九大主要因素的作用上。這並非因為它們涵蓋了蕭條的所有層面，而是因為在我看來，目前這次乃至其他幾次重大蕭條，其重大影響主要集中在這九個因素上。限制研究範圍有助於我們編寫出更加簡明扼要的論述，同時也更容易為一般讀者所理解。

這九個因素之間存在內在而明顯的連繫，我們不須依賴經驗性研究就可以清楚認識。事實上，經驗研究在這個領域非常關鍵，但我將排除那些明顯缺乏理性基礎的研究，聚焦於所謂的「首要原則」。本書提供的分析大多是嶄新的觀點。由於對這個領域的文獻不太熟悉，我決定先以油印形式將初稿交給一些研究商業循環的權威人士。幾乎毫無例外，他們都在我的理論中發現了許多新穎而正確的見解。

我希望透過這部著作，能夠為人們提供一個整體的視角，理解蕭條的本質，並找到有效的應對之道。這不僅是一種學術探索，更是揭示一種更美好未來的嘗試。讓我們一起踏上這段令人振奮的旅程吧。

身為一位經濟學者，我對於研究如何避免經濟蕭條的發生一直都有著濃厚的興趣。儘管本書的內容涉及的知識面並不算太廣，但我仍決心寫出一本能引起讀者共鳴的著作。我希望透過本書的內容，能為大家提供一些行之有效的經濟政策建議，促進社會經濟的健康發展。

在撰寫本書的過程中，我參考了許多前人的研究成果，並結合自己的觀察和見解進行了深入的思考和探討。當然，由於知識量的限制，也難免

會有一些遺漏或錯誤的地方。不過，我相信只要我們保持謙卑的態度，並且願意聽取他人的意見和建議，就一定能夠不斷完善和充實我們的認知。

本書的主要結論是，要預防經濟蕭條的發生，需要採取明確的政策措施，而聯邦儲備系統在其中將扮演關鍵的角色。這個問題的重要性甚至超過了我們以前所關注的全國銀行系統問題。我們必須抓住機遇，採取必要的可行方案，包括加強國際合作，從而拯救世界脫離 1929 年以來的極大痛苦。如果我們錯過了這個機會，在下一次經濟災難來臨之前沒有完成這個任務，相信輿論將會追究某些特定個人的責任。

簡而言之，我們不能再以無知為藉口，漠視這個最重要的經濟問題。雖然我對這一主題的了解還相當有限，但我已經盡力避免過多地歸咎於那些認為採取正確行動就能避免蕭條的人。我再次感謝我的學生們在校勘工作中給予的大力支援，他們的貢獻使本書得以更加完善。我希望這本書能為讀者帶來啟示，為社會經濟的發展提供新的思路和方向。

[重新發現經濟之道]

我感恩能有這樣一群睿智的經濟學家和朋友伴我走過初稿的審閱。他們以開放和建設性的態度，為這部作品貢獻了寶貴的意見。他們深入分析了本書的思路和論點，提供了全面的綜合性回饋。

在他們的啟發下，我重新審視了書中的論點和論證。我意識到，要在當前錯綜複雜的經濟形勢下，找到一條可行的道路，並非一件易事。但正是這些專家學者的指導，讓我得以更清晰地認識經濟運作的規律和脈絡。我試圖在既有的理論基礎上，結合時代的新變化，提出一種更為包容和平

衡的經濟學視角。

這部作品的初衷，是要拋開既有的教條和偏見，重新認識經濟運作的本質。我希望以開放、包容的態度，探索經濟發展的新方向。在吸納前輩們的智慧結晶的基礎上，我嘗試提出一些創新性的思考，以期能為當下的經濟困境提供新的解決之道。

我衷心感謝所有參與評論的學者和朋友。正是他們的鼓勵和啟發，讓我得以更好地完善這部作品，使之更能反映經濟發展的複雜性和多元性。我希望能以此為契機，重新發現經濟學的精髓，探尋可持續發展的新路徑。

在此過程中，我深深感受到了團隊合作的力量。每個人都無私地貢獻出自己的專長和時間，這使得這本書得以順利完成。我由衷地感謝所有參與其中的人，正是有了你們的鼎力支持，這本書才得以問世。

［鞠躬盡瘁的代價］

繁榮與蕭條的極大起伏往往令人目不暇接。在一片欣欣向榮的景象之中，蕭條突然而至，為整個社會帶來了災難性的影響。所謂蕭條，即是指企業無法維持盈利，陷入虧損的困境。這必然導致大量企業倒閉，造成大規模失業。即使是過去最強大、管理最佳的企業，在蕭條的洗禮下也無法倖免。

富人的積蓄逐漸耗盡，尚且能勉強維持生活。但對於本就生活困難的普通民眾而言，蕭條無疑雪上加霜。有些人只能靠救濟艱難度日，有些人則淪為小偷，還有些人甚至喪生。可以說，蕭條造成了整個社會的普遍貧

困，雖然程度有所不同，但無一倖免。

即使這種貧困對於整個社會而言只是暫時的，但對於無數個人而言，這種悲劇卻會持續很長時間。在之前的繁榮景象中，人們對未來充滿了信心，企業精神也得到了完美的展現。然而，如今這一切都戛然而止，整個國家的經濟陷入了動盪不堪的困境之中。

曾經以安全原則為基礎經營的商人，如今也發現自己陷入了困境。他們收到的那些用作購買商品的債券、票據和承諾也失去了價值，自己也面臨著無法履行合約的尷尬局面。而那些曾經夢想暴富的投機者，如今也只能眼睜睜地看著自己的財富煙消雲散。

可以說，這場蕭條對整個社會造成了重大的動盪和災難。人們在追求爆炸性的發展和暴富時，往往忽視了可持續發展的重要性。最終，他們付出的代價是整個社會的動盪，以及無數人的生活悲劇。這無疑是一個令人深思的教訓。

前一刻，那些大型工廠還迴響著機器的轟鳴聲，如今卻寂靜得像座廢城。許多施工已中斷，猶如昔日勝利者遭受拖垮。貧窮如同手持槍枝的士兵，駐守在千家萬戶的門口。就在前幾天，百貨公司還為人們的舒適生活提供充足的商品，如今卻陷入蕭條的困境。

究竟是什麼導致了這場災難？人們對未來的種種不祥徵兆感到恐懼，試圖探究蕭條的根源和對策。然而，這並非第一次遇到如此情況。一位銀行家說：「這次蕭條讓我不知所措。」蕭條似乎總是以出其不意的方式降臨，不知選擇何時何地。即使在礦藏充沛、工廠生產高峰的情況下，人們也突然失去了工作動力。

有人將其歸咎於「生產過剩」，認為商品供應超過了需求，一旦這種

繁榮與蕭條：探尋九大關鍵因素

情況消失，經濟就能恢復。但事實往往相反，貧困最終蔓延至全體人口。在 1932 年，若有人仍認為存在生產過剩，不妨反思：「商品供過於求，是因為人們手頭無錢購買。而他們無錢，是因為他們無法生產賺錢。若問題在於缺乏生產，何以稱之為『生產過剩』？」

這場蕭條的神祕性，也許正暗示著更深層的社會矛盾。前人的觀察與警示，或許仍具有深遠的啟示意義。當前漫天風雨，我們能否洞悉其中的蛛絲馬跡，開創出嶄新的發展道路？

［經濟黑暗時期下的分配機制之困境］

經濟蕭條是一種企業無利可圖的惡劣狀況，可以稱之為「私人利潤病」。蕭條可能造成大量企業倒閉和大範圍失業，幾乎沒有哪家企業能獨善其身。即使是實力最強、管理最佳的鐵路公司，也難逃其害，只能依靠自身儲備勉強維持。此時，富有的股票持有者被迫依靠儲蓄度日，中產階層面臨生活困難，貧困階層則陷入了失業和生存危機，社會頓時陷入一種全體性的相對或絕對貧窮。

問題的根源可能在於分配機制的失靈。生產者和消費者之間存在著鴻溝，需要一座橋梁連接。但現實中，哈德遜河上跨越物流的橋梁和運輸系統已經建成完善，卻缺乏源源不斷的運輸需求。貨幣作為另一種分配機制，在維持經濟秩序方面也並未優於實體基礎設施。一旦貨幣出現問題，所有行業的利潤都會受到連帶影響。

究其原因，問題的關鍵或許在於分配失衡。生產與消費之間的連繫出現斷裂，大量產品供給無法暢通轉化為有效需求。儘管硬體設施已經就

緒，但軟實力仍顯不足。如何建立新的分配機制，化解生產者和消費者之間的矛盾，恐怕是擺脫蕭條困境的關鍵所在。這需要政府、企業、乃至全社會的共同努力，找到一種新的分配模式，才能推動經濟重新走向繁榮。

蕭條的威力總是令人不知所措。即使歷史上曾多次經歷過大蕭條，1932年的嚴峻景況也讓當時的人們感到茫然無助。正如一位銀行家所言，這次蕭條「讓我不知所措」。

蕭條的降臨好似晴空霹靂，它從不選擇一個地球正處於貧困的時刻到來。即使土地資源充沛，機器設備運轉正常，人們也並非無法或不想工作，它還是會如期而至，揚起席捲整個國家的經濟風暴。

正如一位新英格蘭的演說家95年前所描述，剛呈現一片繁榮景象的國家，如今卻經濟動盪，陷入一片混亂。工廠停擺，建設中斷，人們失業，面臨著貧窮的威脅。每個小時都有更廣泛的範圍受到波及，每個小時情況都變得更加嚴峻，無法預見何時才能結束。

究其根源，又有哪些人願意提出應對措施呢？即使多數人試圖探究蕭條的根源，並就應對方案進行辯論，但最終它還是以一種不可預測的方式降臨，令人無所適從。蕭條似乎自有其神祕的規律，讓人難以提前預知。這樣的無助感，正是大蕭條最大的特徵之一。

［生產過剩還是貨幣分配失衡？］

作為經濟學家，我在此深入分析了生產過剩的概念以及貨幣分配機制的關鍵作用。

在經濟蕭條的初期，有人認為存在生產過剩的問題，認為只要消除這

種過剩狀況，經濟就能夠復甦。然而，這個論點往往被證明是錯誤的，因為貧窮最終會蔓延至幾乎全部人口。究其原因，並非生產過剩，而是分配機制出現問題。

雖然有形的橋梁、鐵路和航運系統都很發達，但問題出在貨幣分配機制上。貨幣作為衡量利潤的工具，一旦出現問題，所有商品的銷售和利潤都會受到影響。因此，關鍵不在於生產過剩，而在於貨幣分配的失衡。

我們必須明白，負債並非一味的不利因素。適度的負債對於個人、企業乃至整個社會來說都是必要的。問題在於負債是否過度。在相互對立的考量中，每個經濟主體都要尋找一個均衡點，在保證自身發展的同時，也不會承擔過大的風險。

總而言之，我們不應將問題簡單歸咎於生產過剩，而需要深入探討貨幣分配機制失衡的根源。只有從根源著手，才能真正解決經濟危機的癥結所在。

那麼它們之間會在何時達到平衡呢？適度的負債是一個美學問題，既不能過分保守，也不能過度冒進。企業在資本管理上需要謹慎權衡。

首先，資產負債表上的整體結構非常重要。不僅要關注資產與負債的比例，更要考慮收入、支出、流動性等因素。速動資產和長期負債的相配比速動負債和長期資產的相配更為重要。合理的安全緩衝區是必要的，既不能過於寬鬆導致過度冒進，也不能過於保守而影響業務發展。

其次，不同類型企業和行業的適度負債水準會有所不同。銀行等金融機構在放貸時，需要考慮借款的流動性和償債能力。而製造業等企業，則更需要關注營運資金和生產能力的相配。過度負債的界限因人而異，並非一概而論。

再次，宏觀層面上，國家的過度負債標準應綜合考慮國民收入、財政收支、外匯存底等多項指標。希克內爾曾提出，銀行貸款與投資總額不應超過國民收入的一半，同時黃金儲備應達到未償貸款的9%以上。但此標準須因時制宜，不能機械適用。

總之，合理負債水準是一個既不過分保守也不過度冒進的平衡點。企業和國家都需要充分評估自身特點，並考量流動性、償付能力等各方面因素，設定適當的風險承受度，尋求最佳負債結構。

債務循環的惡化與經濟蕭條

我們現在了解了過度負債對於經濟運作的影響。一旦債務結構確立，它就會引致經濟低迷，並對我們造成重大影響。

債務、貨幣數量和物價水準三大因素緊密相連，構成了導致經濟蕭條的核心。當人們發現自己負債過度時，往往會採取廉價拋售資產的措施來應對。這種廉價銷售，無論出自自願還是被迫，都會造成資產價格大幅下滑，引發一連串的經濟連鎖反應。

首先，資產價格大跌必然會使債務人的淨資產大幅降低。這將直接衝擊其信用，削弱其融資能力，從而進一步加重其負債壓力。同時，利潤也會隨之下滑，生產活動受損，心理預期也會轉為悲觀，使貨幣周轉率下降，利率攀升。這就形成了一個惡性循環。

這個債務循環的降低會導致整個經濟陷入谷底。貨幣供應和流通速度的下降，會導致物價大幅下跌。這種通縮環境下，企業利潤受挫，裁員減產，經濟活動陷入停滯。

這種債務化蕭條的連鎖效應，會對社會造成重大災難性後果。許多企業和家庭在這場風暴中倒下，銀行和金融機構陷入危機，整個社會飽受經濟痛苦。

要避免陷入這樣的惡性循環，關鍵在於及時控制債務擴張，防止負債過度。同時，政府和央行需要採取有效的政策干預，維護經濟穩定，防止過度疲軟。只有這樣，我們才能跳出這個噩夢般的債務循環困局。

債務壓力是一種經濟困境的根源。當企業或個人陷入無法清償債務的困境時，往往會採取廉價銷售的方式，以換取急需的現金流。這種行為無疑會干擾正常的供需規律，拉低整體的物價水準。

這不僅是因為賣方過度渴望達成交易，被迫接受低價，更是因為整個債務清償過程會收縮存款貨幣的數量，進而根本性地影響整體的物價水準。

個人或企業償還銀行債務時，會從銀行存款中扣除相應的金額，這意味著等量的信用貨幣被銷毀。與之相反，正常情況下新的貸款能夠彌補這一收縮，維持貨幣供給的平衡。但過度負債往往導致人們競相還債，新貸款遠不能抵消貨幣的萎縮，從而引發整體的信用緊縮。

這種緊縮並非僅限於銀行債務，還可能來自其他領域的債務償還。比如有人為減少債務總額而從銀行提取存款償還國外債務，或是政府為應對公共債務壓力而增稅。這些舉措都會透過減少流通中的信用貨幣數量，對經濟整體的物價水準產生不利影響。

可見，債務困境往往導致一種經濟緊縮，隨之而來的是物價水準整體下降的惡劣後果。這不僅影響企業的正常經營，也將人們原有的消費能力大幅壓縮，進而加劇整體的經濟活力下滑。因此，化解債務危機，維護貨幣供給的均衡，是經濟健康發展的關鍵所在。

［從貨幣角度理解債務的實質］

在信用貨幣成為 20 世紀最重要貨幣的背景下，我們必須深入理解貨幣數量變動對債務的實際影響。正如所有權威機構都認同的，貨幣數量的增減直接影響著物價總水準的變化。而物價水準的變化，則會改變所有未清償債務的真實重擔。

當物價水準下降時，每一美元的實際價值都會變得更大。舉例來說，假設一位農夫在小麥價格為每蒲式耳 1 美元時欠下債務，然後當價格變為每蒲式耳 50 美分償還。顯然，對他來說，用小麥來表示的每一美元價值翻了一倍，他必須用兩倍的小麥來償還每一美元的債務。這就是債務人的窘境。

然而，這只是債務問題的一個方面。從債權人的角度來看，當物價總水準下降時，其手中的證券價值也會因美元價值提高而降低。雙方都無法真正意識到這種相對變動，這就是所謂的「貨幣幻覺」。

我們很少從自己的角度對貨幣進行解讀，而是習慣於用美元來衡量一切價值。這導致我們難以意識到美元本身價值的變化可能產生的嚴重後果。尤其是在大蕭條時期，人們很難意識到 1932 年的美元與 1929 年的美元實際上已有很大差異。

正是這種「貨幣幻覺」，使得債務人和債權人都無法真正理解經濟動盪中他們各自的困境。要深入解剖貨幣數量變化如何影響債務的實際重擔，就需要超越固有的思考模式，從貨幣本身的角度來認識其價值變動對經濟主體的深遠影響。

貨幣的價值並非固定不變，而是隨著時間與環境不斷變動。但人們往

往會對此產生「貨幣幻覺」，固執地認為貨幣本身沒有變化，只是其他事物在發生變化。這種誤解不僅在普通百姓中普遍存在，即使是經濟學家也長期深受其害。

我們習慣用貨幣作為衡量價值的標準，但實際上，貨幣的真正含義在於它可以購買的商品總量。當某類商品價格上漲時，這並不意味著貨幣貶值，而可能是由於該商品供給或品質發生了變化。但當大量商品價格同步上漲時，就可以推斷貨幣本身的價值下降了。

我在戰後德國的觀察就很能說明這個問題。當時德國民眾紛紛將飛漲的物價歸咎於各種外部因素，卻遺漏了最關鍵的一點：政府為了償還債務而大量印製新的紙幣。對於他們來說，馬克的貶值完全是一種「貨幣幻覺」，因為他們始終用馬克作為衡量標準，無法意識到貨幣本身的變化。

同樣的情況也發生在其他國家。前英國殖民地印度曾大量使用銀本位，當時英方將軍提到盧比貶值，當地商人卻反過來認為是英鎊升值了。這再次說明，人們容易將價格變動歸咎於商品本身，而忽視了貨幣價值的變化。

這種錯誤認知並非只出現在普通大眾，有時甚至連交易雙方也會受到矇蔽。我在戰後德國遇到一位美國婦女，她固執地想以 7,000 美元償還之前以馬克記帳的債務，完全沒意識到美元自身的價值也在貶低。真正公平的做法應該是按當時的購買力換算，她應該償還 12,000 美元。這就是另一個生動的「貨幣幻覺」例子。

貨幣價值的變動往往隱藏在物價波動之下，容易被人們忽視。只有深入了解貨幣的真正含義，我們才能更清晰地認識價格變化的本質，揭開貨幣幻覺的神祕面紗。

[貨幣的進化與通貨膨縮]

貨幣的演變歷程是一個有趣的故事。從最初的以物易物，到使用牛、貝殼、白銀、黃金等商品作為交易媒介，再到後來出現的紙幣，貨幣經歷了漫長而曲折的發展歷程。

我們很容易陷入一種對黃金的崇拜，以為它是最穩定的保值方式。然而事實並非如此，黃金的價值波動也隨時可能發生。礦產的開採取決於礦主的意願，一旦新的金礦大量開採，金價很可能將大幅下跌，從而影響整個經濟的物價水準。同時，現代經濟中，黃金的地位也越來越依賴於紙幣和支票系統。支票存款實際上已經成為貨幣的一部分，其不穩定性對物價水準的影響遠大於黃金。

通貨膨脹固然是物價水準失衡的一個重要表現，但通貨緊縮同樣也是一個嚴重的問題。1932年美國人和1922年德國人都感到困惑，物價的下跌竟然與他們預期的相反。這說明貨幣的變化是無聲無息的，很難捕捉。

我們需要一種統計測量方法來消除這種貨幣幻覺──那就是「物價指數」。它可以反映整體物價水準的變動，而不是單一商品價格的變化。就如同一幅畫的比例尺，我們要區分商品之間相對物價的變化與整體物價尺度的變化。這種整體物價水準的變化，往往是由於貨幣環境的改變所導致的。

整體而言，貨幣的演化是一個充滿曲折的歷程，我們需要客觀的統計指標來消除貨幣幻覺，真正理解物價水準的變動。只有這樣，我們才能更好地應對通貨膨脹和通貨緊縮等經濟挑戰。

在一個經歷嚴重通貨膨脹的經濟體中，物價水準的變化和美元價值的

變化是成反比的。例如，如果新的物價水準是過去物價水準的兩倍，那麼新美元的價值就是過去美元價值的一半，也就是說新美元的購買力降低了50%。這在戰後德國最嚴重的通貨膨脹時期的賓館業中得到了最生動的展現。當時，德國賓館都提供一種「乘數」，可以讓客人將帳單上標價轉換成實際價格。這個乘數代表著動態的物價尺度，隨著馬克價值的下降而不斷上升。

這種混淆物價水準和商品價格的現象在許多經濟學報告和宣告中都有展現，包括記者、官員、商人甚至經濟學家。我們必須明確區分供給與需求，以及「交易方程式」中的物價水準概念和指數測算方法，以及其倒數──美元購買力，才能真正理解1932年發生的情形。

在過度負債的背景下，美元的實際價值調整（或稱物價水準變動）可能會產生出乎意料的後果。債務人的大規模償還，可能會使整個國家的貨幣升值，從而反而增加未償還的名義債務水準。這可能形成一種惡性螺旋式下降──即「旋尾降落」，直至經濟陷入蕭條。

在這一過程中，即使一些經濟實力較強的債務人試圖保持置身事外，他們的鄰居們仍舊會大量清償債務，這使得整個社會的貨幣價值上升，他們的整體債務負擔反而增加。這就形成了一種可怕的悖論：大規模的清償行為一旦開始，任何人都無法倖免於難。

［貨幣預防的關鍵］

我們已經從蕭條的角度，探討了三大經濟因素的循環趨勢：債務、貨幣數量和貨幣價值。其中，貨幣價值的升值（即物價水準的下降）是造成

蕭條持續的主要祕密所在。即使債務過多可能導致貨幣價值的上升，但這並非必然。只要在其他條件不變的情況下，貨幣病（即貨幣升值）才是不可避免的。

然而，貨幣病並非上天注定，也不是人類無法控制的。我們擁有或應當擁有控制自己貨幣的能力。透過精心策劃，我們可以施加控制，抵消那些容易導致貨幣升值的因素。當然，這種控制無法阻止那些不顧後果的債務人躲避自身行為的後果，他們必須為自己的衝動承擔相應的懲罰。但是對於那些按照合約支付債務的人來說，卻不應該因為貨幣升值而要求他們支付更多。實際薪資的概念，不僅適用於賺取薪資的人，也同樣適用於債務人。

總之，貨幣病是可以避免的。只要我們主動採取措施，控制住危險的趨勢，蕭條的時間就能大大縮短。這需要我們對經濟運作機制有更深入的理解，並且樂於承擔起調控貨幣的責任。只有這樣，我們才能真正掌控住蕭條的祕密，建立一個更加健康穩定的經濟體系。

面對不可避免的債務病，我們為何還要自取病毒，染上貨幣病呢？正如感冒不可避免，但也不能讓它逐步惡化成肺炎一樣。其實，負債與貨幣機制是緊密相關的，所謂的貨幣市場，實際上就是債務市場的縮影。我們日常使用的紙幣，不過是對持有者的一種債務，銀行存款更是銀行對存款人的負債。無論生產還是分配，適量的負債都是必要的，每個成年人都或多或少處於負債狀態。

然而，對個人、企業，以及整個社會來說，適度的債務負擔卻難以界定。過多的負債必然會增加破產的風險，過少又會錯失良機。個人需要在機會與生活的平衡中，設定一個安全邊際，為自己留下緩衝區。這樣的緩衝區不僅取決於資產負債的比率，也與負債性質息息相關。變現快的現金

資產和速動負債,顯然需要更大的緩衝。

銀行在發放信貸時,都要審慎平衡流動性和抵押品安全等因素。各方主體,如信用調查人員、會計師、建商等,都有一套關於過度負債的大致標準。雖然合理負債的界定並非一蹴而就,但從歷史到當下的實踐中,確實可以找到一些寶貴的經驗。只有在機會與生活、資產與負債之間保持恰當的平衡,我們才能避免染上「貨幣病」,走向財富自由之路。

[過度負債的挑戰與解決之道]

當個體面臨過度負債的風險時,國家也同樣面臨著相似的挑戰。判斷國家是否陷入過度負債的關鍵在於,其國民收入與固定支出的比率、未清償債務與收入的比率,以及債務與黃金儲備的比率。過低的黃金儲備可能危及債權銀行,進而向債務人施加壓力。

根據研究,未償付銀行貸款與投資總額不應超過國民收入的一半,黃金儲備則應至少達到未償付貸款與投資的 9%。一旦超過這些界限,就可能導致過多的經濟主體出現償付困難。然而,這種設定全國性黃金緩衝區的做法容易受到國際債務分配不合理的影響,例如關稅阻礙了商品支付,而強制進行黃金支付。

當一國大量耗盡黃金儲備時,其銀行就會停止貸款業務,原本的非過度負債可能演變為過度負債。關稅的意外提高也可能使另一國的債務變得不安全,因為債權人收款的難度增大。

過度負債意味著債務相對於資產、收入、黃金和流動性等因素顯著過多,會造成嚴重的經濟混亂。如果債務人或債權人判斷錯誤,就可能陷入

債務償還的困境。債務人可能會延遲還款,而債權人則會逼迫還款,雙方陷入惡性循環。

最終,過度負債的狀況總會消除,有時伴有破產清算,有時則不會。但這種過度負債與過分謹慎的循環可能永無止境,除非有外部力量的介入。因此,設計出更合理的債務標準,並緩解國際債務分配不均,對於國家避免陷入過度負債至關重要。

過度負債是一種嚴重的經濟問題,當個人或國家的債務相對於其他經濟因素過於龐大時,就會出現嚴重的混亂局面。當債務人無法償還到期債務時,可能會試圖延遲償還時間,但這並非總是可行的。最終,過度負債的情況必須得到解決,通常會伴隨著個人或企業的破產,這會對整個國家造成沉重的影響。

一旦這種過度負債的局面形成,就會引發一系列的連鎖反應。首先,廉價銷售會出現,債務人不得不清算部分資產來償還債務,這會導致資產價格下跌,衝擊整個經濟。接下來,貨幣數量的減少和物價水準的下降也會加劇經濟的低迷。淨值的下降、利潤的減少、生產的萎縮,以及相關心理因素的惡化,都會進一步惡化經濟狀況。

這種惡性循環一旦形成,就很難阻止。即使一輪循環結束,下一輪循環又會開始,每次循環的幅度雖然會逐漸縮小,但陷入低迷的風險仍然存在。除非有外部力量的介入,否則這種債務循環可能會永無止境地延續下去,對整個國家的經濟發展帶來沉重的代價。

因此,我們必須密切關注並及時發現過度負債的徵兆,採取有效措施來遏制這一危機,阻止債務循環的蔓延,維護經濟的健康發展。只有這樣,我們才能避免整個社會陷入深深的泥潭,走向持續的繁榮。

[廉價銷售與債務的惡性循環]

廉價銷售是一把雙面刃，它既可能帶來暫時的利益，又可能造成更大的危害。作為一種因債務而被迫進行的銷售行為，廉價銷售背後往往隱藏著嚴峻的財務困境。

當整個國家陷入這種廉價狂潮時，後果往往不堪設想。物價水準被拉低，人們為償還債務而瘋狂拋售，這進一步收縮了貨幣供給，形成一種惡性循環。銀行的債務被償還，存款餘額大幅下降，信用貨幣也隨之萎縮，這可能導致整個社會的購買力大幅減弱。

需要特別注意的是，公共債務也會加劇這一過程。政府為應對財政壓力，徵收更多稅收，進一步加重了民眾的負擔，造成存款貨幣的持續緊縮。這種來自各個層面的壓力，最終可能導致整個經濟陷入停滯。

廉價銷售並非經濟活動的正常表現，它往往源於不可持續的債務狀況。只有從根本上解決債務問題，透過合理的價格機制，才能重建經濟的健康發展。這需要政府、企業和個人共同努力，以建立一個更加穩定、公平的經濟秩序。只有這樣，我們才能擺脫廉價銷售及其引發的惡性循環，促進經濟長期持續發展。

信用貨幣的波動對經濟至關重要。它代表著絕大部分的交易和資金流向。當信用貨幣收縮時，物價水準下降，因為流通貨幣減少，購買力隨之降低。

貨幣數量的變化與物價水準緊密相關。貨幣供應的增減會相應地推動物價上升或下降。而物價水準的變化，又會改變實際債務的負擔程度。

概而言之，當物價水準下降時，每一美元所代表的商品價值實際上

升,即使名義債務沒有改變。債務人必須以更多商品換取同等數額的美元來償還債務,因而經濟壓力增大。反之,當物價上漲時,每美元的實際價值下降,債務人的負擔則相對減輕。

這種貨幣幻覺對雙方都有影響。債權人並未意識到收回的金額比應得的更多,債務人也沒有意識到償還的比欠下的更多。一方得利,另一方受損,但都未能真正了解貨幣價值的變化。

很少有人能夠從自己的立場出發,思考貨幣本身的價值。我們習慣用美元作為衡量一切的標準,卻忽視了美元自身的實際購買力變遷。正是這種貨幣迷思,使得經濟主體無法全面掌握貨幣環境的變化及其在債務關係中的重大影響。

[貨幣的真諦:價值的衡量與時空的變遷]

貨幣的真正含義並非僅是一個數字或符號,而在於它所能買到的商品總量。經濟學家通常以商品來衡量貨幣的價值,而非單純以貨幣本身的數值來判斷。這是因為,當某一種商品的價格發生變化時,很可能是由於該商品本身的品質或產量變化所致,而非貨幣價值本身出現了改變。

然而,當大量商品的價格同時發生變化且趨向同一方向時,我們就有理由說貨幣的價值發生了改變。但人們常常會受到「貨幣幻覺」的影響,認為是其他事物發生了變化,而忘記了貨幣本身作為價值衡量標準的重要性。正如火車上的乘客會感覺外界的事物飛馳而過,又或是日升日落的錯覺一樣,人們總是傾向於將價格變動歸咎於商品本身,而忽視了貨幣價值的影響。

戰後德國的例子正是如此。當時德國人用馬克來計算一切,因此認為

是馬克貶值了。而身在美國的人則視之為美元升值了。事實上，都是由於德國政府大量發行新的紙幣以償還債務所導致的。同樣的，即使雙方參與一項交易，也可能因為使用不同的計價單位而得出相反的結論。

貨幣的價值，終究是隨時間和地點的變遷而波動的。正如那位正直的美國婦女在償還德國抵押貸款時所展現的，她雖然想支付原貸款金額，卻因未考慮到美元自身也已貶值而實際上「欺騙」了債權人。這說明了在評估貨幣價值時，我們必須時刻謹記背後的根本原因和複雜的時空維度。只有摒棄了「貨幣幻覺」，才能真正理解某一單位貨幣的真正含義。

貨幣的價值並非如我們所想的那般穩定。即使是以黃金為基礎的貨幣體系，其購買力也並非真的固定不變。相反，它更多取決於新貨幣的供給以及其他貨幣形式，如支票和存款，對整體貨幣量的影響。

歷史上曾有許多例子顯示，即使同樣的交易雙方，也會因為貨幣價值的變化而產生認知差異。一位印度商人曾對英軍將領表示，雖然他的當地代理商向他反映英鎊升值的情況，但他自己卻未感覺到盧比貨幣的下跌。又或是戰後一位美國婦女，準備用 7 千美元償還在德國的抵押貸款，卻被告知應該支付 250 美元的等值馬克。這位婦女出於公平考量，堅持支付原額，但實際上她並未意識到美元自身的貶值。

事實上，黃金並非如我們所認為的那樣穩定。它的購買力取決於供給的多寡，而這又受礦產開採情況的影響。支票和存款等新興貨幣形式對整體貨幣量的影響，往往遠大於黃金供給的變化。這就意味著，即使是以黃金為基礎的貨幣體系，其最終購買力也不太可能保持恆定。

因此，我們必須警惕對貨幣價值的固有幻覺。貨幣的升貶取決於諸多複雜因素，即使同樣的交易雙方，也可能會產生認知偏差。只有真正認清貨幣價值的本質，我們才能避免因為這種幻覺而產生的不公平交易。

[通貨緊縮下的物價指數]

1932 年，美國人對於低物價感到困惑不解，就像 1922 年的德國人對於高物價感到困惑一樣。

我們如何辨別美元何時在偷偷摸摸地貶值或升值呢？答案就在「物價指數」之中。物價指數可以測量價格平均百分比的變化，即「物價總水準」或「整體物價尺度」的變化。這使我們區分開單個商品價格的變化與整體物價尺度的變化。

比如，我們可以將某商品的相對物價高低與整體物價水準高低區分開來。供給與需求法則調節各商品相對物價，但貨幣則是這些供給與需求所處的「生存環境」。如果整體物價尺度發生變化，通常是因為這個環境發生了改變。

我們可以將貨幣想像成一塊「透鏡」，透過它我們可以看到物價的變化。這塊透鏡能讓所有商品價格同時全部發生改變，而不影響單個商品供求關係所產生的作用。物價指數的功能就是展現整體物價變化與單個商品價格變化之間的差異。

物價水準的變化與美元價值呈反比關係。例如，如果新的物價水準是過去的兩倍，那麼新美元的價值就是過去美元的一半，購買力降低 50%。

物價水準的變動與美元價值是成反比的關係。以二戰後德國嚴重通貨膨脹為例，當時德國賓館業普遍採用「乘數」作為價格換算工具。這個乘數代表著當時的物價尺度，每天隨德國馬克貶值而不斷上升。無論從勞動力成本還是相對物價來看，乘數的數值與實際商品或服務的價格毫無關係，僅僅是將價格從數千馬克變成數百萬馬克而已。

這種將物價水準與商品價格混淆的情況，也普遍出現在當時經濟學家、記者、官員等人的著作和演講中。要正確理解1932年的情況，首先需要明確物價水準概念、指數測量法，以及美元購買力的概念。

惡性螺旋式下降，始於某些經濟實力薄弱的債務人進行大規模的債務清償。這使得整個國家的貨幣升值，削弱了實力較強的債務人的經濟地位，促使他們也開始清償，如此持續循環下去，直至整個經濟陷入蕭條。

這種情況下，即使其他人置身事外，也會發現自己的整體債務水準反而提高，因為大家都在清償同等數量的債務，使得貨幣價值不斷上升。這形成了兩大悖論：一是不能責備尚未參與清償的人，因為他們加入也只能使局面更糟；二是即使置身事外，也難以逃脫債務困境的惡性循環。

這正是在物價水準和物品價格混淆的背景下，債務主導型經濟崩潰的悲劇性寫照。唯有深入理解物價水準與貨幣價值的內在關係，才能化解這一陷阱，遏制經濟惡性循環的蔓延。

［危機中的平衡之道］

在金融危機的漩渦中，銀行作為債權人也難逃其厄運。當一家銀行要求債務人還款時，這只會對信用貨幣的緊縮加以推動。但當眾多銀行都感到恐慌而互相索討債款時，不可避免地，危機演變成全面的通貨緊縮。若某家銀行不參與此過程，待它開始向債務人催收時，對方可能早已破產。銀行不得不加入這場激烈的「流動性」競爭。

這一看似矛盾的觀點，或許能揭開蕭條神祕面紗的一角：當債務超出一定限度，導致大規模清償，危機隨之而起。貨幣價值上升固然增加了每

個債務人的負擔，但更準確地說，它可能使未償還的實際債務量增加的速度快於債務數量減少的速度。此時，所謂的清償根本沒有真正實現，蕭條因而持續，直至足夠多人破產，債務完全消失。

我們已經探討了引致蕭條的三大循環趨勢：1. 債務（及其清償）。2. 貨幣數量（緊縮）。3. 貨幣（升值，通常表現為價格下降）。其中，第二個趨勢只是連接前後兩個過程的中間環節，而另外兩個趨勢──債務病和貨幣病──才是蕭條的根源。

教授們的研究顯示，下降的物價水準，即「貨幣病」，是大蕭條的主要祕密。如果其他條件不變，貨幣病是難以避免的。但如果發生其他變化，例如金幣或紙幣數量大增，價格不僅不會下降，反而可能上漲，貨幣不升反而貶值。

我們無須被動等待「上帝的行為」來化解通貨緊縮。我們有能力主動控制貨幣，抵消容易導致美元升值的狀況。這種控制無法阻止那些不顧後果的債務人承擔自身的後果，但可以確保其他人不受貨幣價值變化的影響。我們應該以公正的原則對待債務人，讓他們按合約約定的金額償還。既然無法避免債務病，何必還要引發貨幣病呢？治標不治本只會讓病情惡化。透過謹慎的貨幣政策，我們可以找到危機中的平衡之道。

繁榮與蕭條：探尋九大關鍵因素

新時代的啟示：
經濟變革的縮影

新時代的啟示：經濟變革的縮影

繁榮與蕭條的起伏，讓我們看清了經濟發展的關鍵因素。在此將仔細地剖析包括淨值、利潤、生產等在內的六大主要因素，呈現一個漸入佳境、最終陷入衰退的過程。

首先是淨值的縮水。當價格下跌時，企業資產的貨幣價值降低，但負債卻不變，因此淨值迅速萎縮，甚至淪為資不抵債。接著是利潤的減少。收入隨價格下降而減少，而支出卻相對堅挺，由此造成利潤下滑，有時甚至轉為虧損。

在這種淨值和利潤的雙重擠壓下，企業必然會調整經營策略，減少生產和裁員，從而拖累整個國家的總產出、貿易額和就業率。尤其是建築業，其敏感程度更勝一籌，一有麻煩跡象就會突然停工，對利潤和就業造成強大衝擊。

總之，這6大因素相互作用，構成了經濟繁榮與蕭條的循環。一旦貨幣投放偏少，觸發了這些連鎖反應，經濟就會陷入深淵。

因此，我們要深刻認識這些關鍵因素，在政策制定和企業經營中予以充分考慮，才能避免經濟危機的發生，推動持續健康發展。

［經濟蕭條時期的心理因素］

在經濟蕭條時期，各種因素的失衡所產生的後果不僅涵蓋了商業蕭條的明顯徵兆，還深深影響了人們的心理狀態。我們需要深入了解這種心理因素，才能更好地應對和化解經濟危機。

首先，貨幣病的出現會導致淨值和利潤的減少，進而影響生產、貿易和就業。即使沒有價格下跌，貨幣數量的減少也會直接降低人們的購買

力，從而影響供給和需求的平衡。失業問題更意味著大多數人的購買力降低，這無疑會加劇經濟的惡化。

其次，這種向壞發展的趨勢會對人們產生深重的心理影響。一些謹慎的商人可能會陷入絕望，甚至選擇自殺。而普通員工則要面臨是否失去工作的龐大壓力，這對他們來說關乎生死。即使是一些收入較為穩定的人，也會存在對未來的恐懼和不安全感。整體而言，在經濟蕭條的環境下，悲觀情緒是一種普遍的心理現象。

最後，這種悲觀情緒不僅源自情感因素，也與人們的智力判斷有關。在困難時期，許多人會誇大問題的嚴重程度，陷入錯誤的猜想和預測。大眾心理學中的羊群效應也會放大人們的焦慮和恐慌，助長整個社會的悲觀情緒。

總之，了解並應對經濟蕭條帶來的心理影響，是化解危機、恢復經濟的關鍵所在。只有了解人們的心理狀態，我們才能採取更有針對性的措施，幫助社會度過難關。

在目前的環境下，我們面臨著一系列嚴峻的挑戰：清償債務、貨幣數量減少、貨幣升值、淨值減少、利潤減少、生產削減，以及日益加重的悲觀情緒和失去信心。這些因素相互交織，形成了一個惡性循環。

最值得關注的是貨幣流通速度的下降。當廉價清償行為減少了存款數量時，隨之而來的是信心的喪失，這導致所有形式的貨幣流通速度放緩。人們傾向於更長時間地持有貨幣，延緩了他們的消費行為。各類債務人也變得非常謹慎，進一步抑制了貨幣的流通。

以一個具體的例子來說明：假如貨幣數量減少 50%，而其流通速度也下降 50%，那麼貨幣作為整體將只能完成原來的 4 分之 1 工作量。這可能

新時代的啟示：經濟變革的縮影

導致價格下降4分之3，或是貿易額減少4分之3，亦或是二者都下降一定幅度。通常情況是，貿易額和價格都會雙雙下降。

股市崩盤更是一個釀成通貨緊縮的「完美風暴」。它不僅大量消減了信用貨幣，也喚醒了人們的謹慎本性，使他們更加緊緊抓住手頭的現金不放。這雙重效應組合在一起，就形成了一次嚴重的通貨緊縮。

而恐慌情緒的蔓延也會波及到商品市場，導致商品價格的大幅下滑。在此環境下，人們會大量囤積現金和信用存款，進一步加劇了貨幣流通速度的降低。這就形成了一個惡性循環，將整個經濟拖入深淵。

要阻止這種惡性循環的發生，需要及時採取應對措施，例如維持貨幣供給、恢復人們的信心，以及避免產生大規模的債務和破產。只有這樣，才能最大程度地降低通貨緊縮的風險和危害。

[當負債與囤積貨幣演變成惡性循環]

在經濟前景不確定的時期，企業和個人都會傾向於囤積貨幣以保護自己的利益。然而，這種行為卻往往會導致惡性循環的產生，不利於整體經濟的復甦。

首先，囤積貨幣行為會降低整體的物價水準。對企業而言，價格下降意味著收益減少，從而增加了對經濟前景的擔憂，進而強化了囤積行為。這種循環一旦形成，便很難打破。與此同時，企業和個人為了保護自己，也會主動減少貸款和支出。這進一步加劇了貨幣數量的減少，導致通貨緊縮的惡化。

銀行在這個過程中也扮演著重要的角色。一旦擔心客戶擠兌，銀行會

當負債與囤積貨幣演變成惡性循環

主動收回貸款，導致存款貨幣大幅減少。這種銀行的「競爭性擠兌」會放大通貨緊縮的影響，使情況雪上加霜。我們最終可能面臨貨幣流通量大幅萎縮，價格暴跌，企業破產等災難性局面。

關鍵在於，如果能夠及時阻止通貨緊縮和貨幣升值，就可以有效遏制流通速度放緩及囤積行為的蔓延。一方面，增加貨幣供給可以抵消流通速度下降的影響；另一方面，有效的金融政策也能夠穩定利率，降低債務問題的惡化。只有從根本上解決負債與囤積貨幣之間的惡性循環，經濟才能真正走向復甦。

我們已經了解到，實質利率與貨幣利率之間存在著一個重要的差距。這種差距往往在經濟蕭條時期更加明顯。即使名目利率很低，實質利率有時也可能高達50%以上。這種差距的存在，關係到我們對蕭條成因的認知。

真正關鍵的變數，在於實質利率與貨幣利率之間的這種差距。只要能夠阻止通貨緊縮，這種差距也就不會存在了。防止通貨緊縮，是防範蕭條災難的關鍵。一旦實現了這一點，我們列出的其他蕭條後果（除了貨幣利率波動）也就不再存在。那麼問題也就只剩下債務本身及其利率波動這一點，這已經不算什麼太嚴重的問題了。

我們此前列舉的九個蕭條成因，按時間順序進行了分析。不過，其中有兩個因素——悲觀情緒和利率變動——其實在時間上應該排在更前面的位置。因為清償行為所引發的悲觀情緒，可能會從一開始就開始累積發展，並且對貨幣流通造成阻滯。

很多時候，那個被稱為「循環拐點」的關鍵時刻，都是由一些細微的突發事件所引發的。任何可能引起人們反感情緒的事件，都有可能成為最

新時代的啟示：經濟變革的縮影

後一根導火線，引發整個蕭條的螺旋式循環。

因此我們可以看到，在蕭條過程中，實質利率與貨幣利率的背離，是一個十分關鍵的變數。能夠防範通貨緊縮，就等於阻止了大部分蕭條災難的爆發。這無疑是我們需要高度關注的一個重點。

［ 經濟蕭條的動態循環 ］

經濟蕭條的現象是一個複雜而動態的過程，其中包含了許多相互關聯的因素，使整個情況變得難以捉摸。雖然我們前面提到的九個因素只是整個情況的一部分，但它們已經呈現了蕭條期間各種難以預測的起伏變化。

首先，清償債務的過程可能會一直持續下去，直到最後超過了剩餘債務的膨脹速度，這不僅會減少債務數量，還會縮小債務的實際規模。每一次經營失敗、破產、重組都會將一定數量的債務抹去，從而加快清償的速度。這些失敗或破產也會阻止清償行為的惡性循環，將貨幣價值提高到原本的十倍。同時，由於貿易量的減少會對價格下降產生抑制作用，相對於需求的減少，貨幣和信用的短缺也就不算太嚴重了。透過實際清償、破產以及貿易的縮減，下降螺旋的底部最終會被觸及。

之後，商業世界會進入一個負債不足的時期，為復甦做好準備。這個「蓄勢待發」的時刻充滿了廉價的商品和投資機會，名目利率也不會出現明顯上漲，使得生活成本下降，鼓勵人們購買殘留的商品。此時，那些之前囤積貨幣的人，在確信底部已經到來時，也會重新把錢投入流通。

最後，隨著信心和熱情的恢復，存款不再閒置，商品投資和商業貸款又開始湧動，名目利率雖上升但實質利率下降，使得每單位貨幣的實際負

擔降低，債務總額也開始下降。人們的購買和借貸行為更加積極，通貨再膨脹提高了淨值，驅散了經營失敗的恐懼，企業利潤提升，產量、建造量和用工量都開始增加，貿易額也隨之成長。如此，整個經濟便開始了新一輪的蓬勃發展。

惡性螺旋式上升的威脅已然降臨。這種負債驅動的經濟循環一旦開始，難以遏制其蔓延之勢。我們先前所描述的復甦運動，如今轉變為更加危險的惡性螺旋。其中三大關鍵因素——債務、貨幣流通和貨幣實際價值，正在相互推動著這一惡性循環。

隨著通貨再次膨脹，債務的實際負擔得以減輕，許多債務人，包括一些償還能力較弱的新興借款，都被誘惑去進一步擴張業務。為達此目的，他們不得不再次大舉舉債。這進一步稀釋了貨幣價值，從而進一步減輕了實際債務負擔，又會誘使更多人（包括部分償還能力更弱的借款）加入狂舉債務的行列。就這樣，這一惡性循環一再重複，直至債務成長速度終於超越貨幣價值下降的速度，人們不得不意識到當前過度負債的局面已經無法維續。

接下來，借款行為必然會陡然減少，清償行為開始，經濟再次陷入蕭條。而這一切的根源，就在於第四大關鍵因素——淨值。當物價下降時，商家所擁資產的貨幣價值縮水，但其債務卻保持不變。其淨值——資產與負債之差，因此急遽萎縮，甚至淪為負值，令其所有者陷入資不抵債的境地。

危急時刻已然來臨。我們必須警醒這一惡性螺旋的潛在危害，及時採取有效措施，切斷其惡性循環，避免經濟陷入更深的危機漩渦。

新時代的啟示：經濟變革的縮影

[從債務到失業，一次經濟危機的全貌]

在經濟蕭條的時期，我們看到了一系列相互關聯的因素逐步導致了經濟的衰退。首先是債務的清償，接著是貨幣數量的減少和貨幣的升值，這些都直接導致了淨值的減少，有時甚至演變為資不抵債。同時，利潤的減少也可能演變為虧損。這些因素最終會影響到生產、貿易和就業，出現大幅下滑。

特別是營建活動，它對利潤變化更加敏感，往往先於整體產出的下滑而出現停滯。營建活動的收縮就如同一個放大器，進一步加劇了利潤、就業等指標的大幅下滑。這些因素的失衡就構成了我們所熟知的商業蕭條的主要症狀。

然而，這一切都是可以被預防的。如果我們能夠事先遏制住物價水準的下降，那麼淨值和利潤的下降也就基本上可以避免。這樣，生產、貿易和就業的下滑在相當程度上也就可以得到控制。

經濟窘境不僅會造成現實層面的損失，還會產生心理上的影響。當淨值縮水時，廉價拋售和破產清算往往令人心灰意冷。即使僅是利潤下滑，也會引發對未來前景的擔憂。這種樂觀和悲觀情緒的轉變，也會進一步加劇整個經濟的惡化。

因此，了解和預防商業蕭條的發生機理至關重要。只有掌握這些關鍵因素，我們才能夠採取及時有效的措施，盡可能減少經濟危機對人民生活的衝擊。

在經濟蕭條的大背景下，我們不能僅僅關注那些收益和利潤的數字，而忽略了更廣大的民眾所承受的沉重壓力。對於普通勞動者而言，就業和

失業可說是攸關生死的重大問題，蕭條正以一種特殊的方式深深影響著他們的心理狀態。

即使是一些擁有較為穩定收入的人群，如債券持有人和受薪階級，他們也並非豁免於這種普遍的悲觀情緒。他們同樣感到不安，擔心自己的收入是否最終安全無虞。因為他們目睹身邊的同僚相繼失去工作，企業紛紛倒閉，這些令他們對未來前景充滿了焦慮和恐慌。

這種悲觀情緒並非純粹源於情感因素，在一定程度上也源於人們智力上的缺陷。在蕭條時期，許多原本冷靜理性的判斷力都喪失了，淪為對「艱難時期」影響程度的過高猜測。每個人的看法其實都受到他人觀點的影響，即使是最冷靜的人也會被他人的憂慮所感染。這些憂慮和恐慌情緒形成了一種惡性循環，相互推動、不斷蔓延。

在這樣的環境下，我們看到了一系列的社會現象：資產負債的清償、貨幣流通量的減少、價值的下降，以及生產的銳減。但可悲的是，如果這些破產和失業能夠得到及時遏制，那麼這些悲觀情緒和信心的喪失也同樣可以避免。

當貨幣流通速度的下降與貨幣數量的減少雙雙作用，就會造成充分的通貨緊縮。這就意味著，有限的貨幣只能完成先前一小部分的經濟工作，要麼是價格大幅下降，要麼是交易量大幅減少，通常會是二者齊頭並進。可以說，在經濟蕭條的大氛圍中，集體心理和社會氛圍都陷入了冰點。

新時代的啟示：經濟變革的縮影

［經濟蕭條時期的惡性循環］

　　股市崩盤無疑是一個災難性的事件，但其影響更遠不只於此。這場崩盤不僅會導致貨幣數量的驟減，也會引發人們對貨幣更加謹慎的心理，使得貨幣的流通速度大幅降低。這樣的雙重效應就直接造成了一次嚴重的通貨緊縮，不僅股票價格暴跌，商品價格也會隨之下滑，最終可能引發商品市場的恐慌性囤積。

　　這種情況下，個人和企業都會避免將現金存放銀行，而是選擇將其藏匿起來。家庭主婦會把錢藏在襪子和被褥裡，銀行也會大量積存未放出的定期存款。這樣的貨幣囤積行為進一步加劇了貨幣流通速度的降低，形成一個惡性循環。

　　企業的營收和利潤因價格下跌而受到重創，加之對經濟前景的擔憂，他們往往會將更多現金保留而不是投放市場。銀行也出於自保，紛紛收回貸款以補充資金，卻使得整體貨幣量進一步萎縮。這種自我強化的過程，最終導致了經濟陷入長期蕭條。

　　我們需要了解到，貨幣數量的減少和流通速度的降低是相互關聯的。任何一方的變化都會引發另一方的反應，尤其是當人們出於自保而選擇囤積現金時，這種相互作用會變得尤為劇烈。只有徹底理解這一機制，我們才能有效地應對經濟危機，阻止惡性循環的發生。

　　貨幣流通的不暢通是導致經濟危機的關鍵因素之一。當人們出現囤積貨幣的行為時，不管是處於過度負債還是擔憂前景，這種現象都會促成一個惡性循環，對經濟造成深重傷害。

　　首先，囤積貨幣會降低整體物價水準，這對企業構成傷害。受到打擊

的企業會增加對未來的擔憂,進而加劇囤積貨幣的行為。這種相互作用,形成一個自我強化的惡性循環。

其次,企業和銀行為了自保,也會透過收回貸款、縮減信貸等方式加劇貨幣數量的減少,這進一步加劇了物價水準的下降。而銀行間的這種競相囤積貨幣的行為,由於貨幣乘數的效應,會放大貨幣數量的萎縮。如果這一過程持續,最終可能導致貨幣流通媒介大幅萎縮,物價水準遽降,最終導致大規模破產。

此外,負債者和銀行也可能透過一些歪曲的方式,來使事態朝對自己有利的方向發展,但這往往會使整體局面雪上加霜。比如說,銀行可能提前對客戶進行擠兌,從而加劇貨幣數量的減少。

為了阻止這一惡性循環,最關鍵的是要阻止通貨緊縮,維持適當的貨幣供給。只有如此,才能打破流通速度下降和囤積貨幣行為的循環。同時,也要採取適當的財政貨幣政策干預,遏制利率的大幅波動。只有從根源上解決問題,才能最終擺脫經濟危機的困境。

［貨幣緊縮對經濟的毀滅性影響］

貨幣數量的減少及群眾的囤積行為可能會引發嚴重的經濟後果。如果所有的存款都被快速耗盡,那麼作為唯一流通媒介的就只有人們手頭的零錢。這樣會導致流通貨幣銳減90%,而殘存的貨幣流通速度也會大大降低。物價水準可能迅速下降到原來的十分之一。幾乎所有負債的商家,包括農民,都會遭受破產的命運。

這樣一來,我們就可以列出一系列的後果:1.大規模的債務清償。2.貨

新時代的啟示：經濟變革的縮影

幣數量的減少。3. 貨幣升值。4. 淨值下降。5. 利潤減少。6. 生產降低。7. 悲觀情緒蔓延。8. 囤積行為和流通速度放緩。

不過，如果能夠及時阻止通貨緊縮或貨幣升值的發生，上述的負面影響也可能被遏制住。比如，如果貨幣數量增加到足夠的程度，就可以克服流通速度放緩的不利影響。

利率的變化也是經濟蕭條的一個重要因素。隨著借款對前景喪失信心，利率（至少在一些重要區域）呈現下降的趨勢。而這種利率的循環變化是伴隨著債務本身的變化而不可分割的。雖然利率的波動本身不太危險，但是由於實質利率與貨幣利率之間的差距，使得利率的影響變得更加嚴重。在經濟低迷時期，即使名目利率很低，實質利率有時也會高達50%以上。

整體而言，如果能夠阻止通貨緊縮，上述大部分負面影響都可以得到緩解。唯一不可避免的，就只有債務自身的波動以及相應利率的變化了，這對經濟也不會造成太大危害。因此，我們可以得出結論，通貨緊縮幾乎是導致經濟蕭條的萬惡之源。

從傳授知識的角度來看，本書所闡釋的九個主要結果的次序是非常合適的。然而，其中的利率和悲觀情緒這兩個因素，如果按照時間順序來排序，應該排在比現在靠前一些的位置。

首先，關於悲觀情緒。我們有意地將所有會導致悲觀情緒的原因都列出來之後，才對悲觀情緒進行闡述。這是因為，悲觀情緒可能是時刻都在累積、時刻都在發展的。起初發生的一些清償行為就會產生一種令人情緒低落的效應，而最初的這點悲觀情緒的出現會對貨幣流通形成阻滯。就連最初的清償行為都有可能是由一種失望的心情所引發的，因為人們意識到

他們欠下的債務或別人欠他們的債務太多了。

其次，關於利率。利率的變化可能在信貸收緊之前就已經表現出來了。不過，出於闡述問題的方便考慮，信貸的收緊被列在了前面。而流通受阻這個因素則直到導致它的全部原因都被介紹完後，才被提及。這是因為，貨幣流通速度的放緩可能在信貸收緊之前就已經表現出來了。

此外，蕭條的演進機制可以用「盤根錯節」和「交叉水流」這兩個隱喻來描述。不同因素之間相互影響，時間上也存在複雜的錯誤。不過，蕭條的下滑趨勢終將會改變。

在蕭條的最谷底，債務會透過破產、重組等方式得到清償，貨幣價值也會提高。同時，價格下降所引起的貿易量減少，也會對進一步的價格下降產生抑制作用。如此一來，下降的螺旋最終會被觸及。此時，商業世界步入一個負債不足的時期，為復甦做好了準備。接下來，債務循環進入蓄勢待發的階段，各種投資品和貸款利率都變得廉價。只要有人能掌握住這些機遇，經濟就有望重新復甦。

［ 經濟復甦的九大推動因素 ］

回到經濟繁榮階段，整個過程往往展現出一種復甦的模樣。在這個階段，前述的九大因素都會發生逆轉。

首先，失望和不信任的情緒讓位給自信，進而變成熱情。被長期囤積的貨幣重新流入市場，存款也不再閒置。商品投資和商業貸款開始蓬勃發展。這些新的購買和借貸行為使貨幣供給膨脹，數量增加且流通速度加快，引發物價水準上升，即貨幣貶值。儘管名義債務增加，但實際負擔卻

新時代的啟示：經濟變革的縮影

隨之減輕，甚至比債務增加速度更快。

這種通貨膨脹反過來提高了企業和個人的淨值，消除了經營失敗的擔憂。企業利潤提高，鼓勵投資和擴產，促進了貿易額的成長。同時，購買者也因物價水準上升而加快了交易速度，以在合理時機實現目標。

這九大因素的逆轉，促成了經濟的復甦和繁榮。處於這一階段的，往往是那些倖存下來的債券持有人和受薪階級，他們因貨幣升值而獲益。同時，之前囤積貨幣的人，在確信經濟觸底後也會投入市場，成為重要的買家力量。在此過程中，整個經濟重拾升勢，走向新一輪的繁榮。

我們在上一段中已經看到，當通貨再膨脹減輕了債務的實際負擔時，很多債務人都被誘惑去進一步擴張企業，為此他們會借入更多的債務。這將進一步稀釋貨幣的價值，又會減輕實際的債務負擔，引發更多人借入債務。如此惡性循環下去，直到出現必須改變已經存在的過度負債局面的時刻。

那麼，是什麼導致了這種債務的產生呢？要搞清楚過度負債的根源，我們需要將債務分為兩類：能產生收益的債務，以及不能產生收益的債務。

當某種厄運降臨，比如工人生病無法賺錢，借款就會用這筆錢來填補收入的缺口，等待日後重新賺錢後再償還。這種不能產生收益的債務，通常是零星發生的，因為借款是不情願的，也受到現有抵押擔保能力的限制。

但當災難性事件如大地震、戰爭等發生時，就會產生大規模的不能產生收益的債務。戰爭債務更是特殊，因為它不僅產生鉅額的債務，而且還被用於破壞性目的。

整體而言，除了戰爭債務之外，這種不能產生收益的債務一般不會過度。然而，當某些因素導致債務和貨幣流通過度膨脹時，卻會形成惡性循環，最終引發經濟的蕭條。

［新興科技的陰暗面：經濟危機的警示］

經濟危機往往源於人類對新興科技和投資機會的盲目追逐。正如歷史所述，每當有新的發明、新的商業模式出現時，總會引發一股投機熱潮。人類被龐大的利潤誘惑所吸引，不惜大量舉債投資，最終導致泡沫破裂，經濟陷入危機。

這樣的模式在歷史上一再重現：19 世紀初的英格蘭投資風潮，包括運河、房地產和機器等。西元 1814 ～ 1816 年間英格蘭與歐洲貿易重啟所引發的投機機會。西元 1825 年的墨西哥、南美等地的礦產和商業投資。無一例外，這些熱潮最終都以經濟衰退告終。

同樣，在美國，西元 1819 年、1837 年、1857 年等重大經濟危機，往往都源於土地投機、銀行冒險行為等。西元 1819 年的東部土地市場泡沫，西元 1837 年的西部和西南部土地投機，乃至 1926 年佛羅里達房地產市場的火熱，無一不對經濟留下重創。

可以說，人性中的投機傾向是經濟危機的根源之一。只要有新興科技或發展機遇出現，人們就會被龐大利潤的誘惑所矇蔽，忽視風險，不惜一切代價去追逐。而這種舉債以投機的做法，最終往往導致泡沫破裂，造成經濟崩盤。

因此，我們需要時刻警惕。面對新技術和發展機會，我們必須保持理

新時代的啟示：經濟變革的縮影

性冷靜，審慎評估風險，不被利潤誘惑所迷惑。只有這樣，我們才能避免重蹈覆轍，最終創造可持續的經濟發展。

隨著加州金礦的開採、跨大陸鐵路的興建以及其他基礎建設的發展，西元1850年代的美國經歷了急速的經濟成長。然而，這種高速發展卻蘊藏著危機的根源。

金礦的開發為經濟注入了大量新的資金，刺激了過度投資和過度借貸的行為。投機者和推手們紛紛湧入，以期乘機獲利。然而，這些建基於錯誤預期之上的債務最終成為了壓垮經濟的稻草。一系列的祕密交易和欺詐行為使這些脆弱的「泡沫」最終爆發，引發了西元1857年的經濟危機。

但危機的根源並非單一的。當時黃金的大量注入造成了通貨膨脹，這與過度負債的影響相互交織，強化了危機的爆發。同時，技術進步也為當時的投資機會提供了新的引擎，但隨之而來的過度投機和投資卻助長了金融泡沫的形成。

這就是美國在19世紀中葉經歷的一次複雜而深刻的經濟風暴。從金礦的開發到鐵路建設，從基礎設施的擴張到西部的開拓，這些前所未有的新機遇不僅激發了經濟的快速成長，也埋下了危機的伏筆。經濟繁榮往往孕育著危機的曙光，這就是這個時期美國經濟發展的縮影。

［經濟週期中的債務與通貨膨脹］

通貨膨脹和緊縮是一個雙向互相影響的過程。戰爭、金礦開採、金融系統發展、政府干預等多方面因素都可能引發這種循環。不能產生收益的債務往往由意外事件導致，如疫災、天災等，而能產生收益的債務則源於

投資者尋求發財的機會。

投資者看到了可觀的收益機會，但又缺乏資金，便願意放棄眼前的享受而進行儲蓄和借款投資。如果借款非常容易，他們可能會過度借貸，甚至超過原有的消費水準，寄望用投資收益償還借款。這種樂觀心態與陷入困境的人的恐慌和謹慎心態大不相同。

能產生收益的債務往往比純粹的不能產生收益的債務更是導致經濟危機的關鍵因素。除了戰爭，這類債務的大量湧現通常源於投資者的樂觀和盲目，而非緊急或不得已的情況。正是這種過度的債務膨脹，再加上意外的通貨緊縮，共同推動了週期性的經濟蕭條。相比之下，單一的自然或意外災難造成的不能產生收益的債務則較少導致整體性的危機。

身處新興科技和行業的急速發展時期，當今社會常會出現大量投機機會。無論是新發明、新發現，還是新的商業模式，只要看起來有可觀的利潤空間，就會吸引投資者蜂擁而至。即使須借貸資金，只要能實現高額回報，投資者也常常毫不猶豫地投入資金。

歷史上就有許多類似的情況，如 19 世紀初期英格蘭的運河、房地產和機器投資潮，以及西元 1814～1816 年英格蘭重啟與歐洲大陸的貿易所帶來的投機機會。西元 1825 年，英格蘭又出現了各種新興的投機熱潮，如墨西哥、南美以及其他地區的礦產和商貿企業。投資者被「即將到來的繁榮，過分誇大的遠景」所吸引，紛紛將個人財產投入這些他們所知甚少的項目。

這種投機熱潮往往源自於人性中難以克服的幻想和追求利潤的傾向。即使是一些平日敏銳理性的人，面對龐大利潤的誘惑時，也難以抗拒。歷史上參與這些投機行為的人群五花八門，包括「容易輕信他人的人和無知

新時代的啟示：經濟變革的縮影

的人、王公、貴族、政客、愛國主義者、律師、醫生、教士、哲學家、詩人」，甚至各階層的婦女。

當前，在新技術和新商業模式的不斷演進中，這種投機熱潮依然存在。不僅普通大眾，連一些專業投資者和菁英階層也很容易被新事物的前景所迷惑。相比過去，這種投機熱潮可能更加隱蔽和廣泛。因此，提高警惕，明辨是非，對於投資者乃至整個社會來說都很重要。

[美國的危機循環：從泡沫到崩盤]

美國歷史上曾經經歷多次嚴重的經濟危機，其中主要包括西元1819年、1837年、1857年、1873年和1893年。這些危機大多源於貨幣和銀行信貸的失衡：通貨膨脹之後，隨之而來的是通貨緊縮，引發金融市場的崩盤。

各次危機的導火線大同小異，但主要原因都與土地投機和基礎設施建設有關。西元1819年東部地區的土地市場興盛之後陷入衰落。西元1837年西部和西南部的土地和棉花投機，以及大規模的運河、船舶和公路建設，最終引發了經濟危機。西元1857年黃金熱、鐵路和西部開發，加上大量歐洲貸款，導致了新一輪的投機熱潮。西元1873年則是橫跨大陸的鐵路開通和西部農場開墾，推動了債務膨脹。西元1893年的危機則源於農產品過度生產和銀本位制的弊端。

這些危機的共同特點就是，最初都是由新的投資機會和經濟成長所推動，但逐步演變成了泡沫和過度投機。在推波助瀾的過程中，有些投資者為圖一時之利，恣意炒作，甚至不惜採取欺詐手段。當泡沫破裂時，就會

引發災難性的清算，造成經濟的嚴重衰退。

這一循環的本質在於，人性的貪婪和冒險精神，往往會在新的經濟機遇面前超越理性，從而引發投機和債務膨脹。只有認清這一人性弱點，才能設法避免此類危機的重演，維護經濟社會的持續健康發展。

通貨膨脹和通貨緊縮往往扮演了引發經濟週期起伏的關鍵角色。無論是計畫性或意外性的通貨膨脹，都會直接影響貨幣價值，進而影響債務狀況。因為通貨膨脹會為商業注入超乎預期的暴利，促使商人擴大生產、創辦新企業，從而增加負債。美國歷史上發生過多次這樣的情況，例如西元1849年加州金礦的發現，以及西元1896年至1913年間南非、科羅拉多和阿拉斯加等地大量的黃金產出。這些都曾引發了嚴重的通貨膨脹，隨之而來的是過度借貸，進而導致了其他負面循環。

相反，通貨緊縮也可能成為引發經濟蕭條的重要因素。南北戰爭後，西元1860年代的綠背紙幣通脹被西元1879年黃金支付的重新啟用所取代，造成了人為的通貨緊縮；而後續金礦的枯竭，也可能是西元1893年經濟大蕭條的根源之一。無論是通貨膨脹還是通貨緊縮，它們都可能成為引發惡性循環的罪魁禍首，債務因素與通脹—緊縮因素彼此推動，難以分開。

戰爭是引發通貨膨脹的最大誘因，戰爭本身以及戰後恢復階段又往往造成嚴重的通貨緊縮。此外，像金礦的發現、銀行信貸能力的提升、政府干預等因素，也可能在特定時期同時出現並共同推動經濟週期的波動。美國1913年至1919年以及1926年至1929年的發展歷程，就是這些因素共同作用的縮影。可見，通貨膨脹和通貨緊縮的角力，一直是塑造經濟週期的關鍵動力。

新時代的啟示：經濟變革的縮影

循環的奧祕：
經濟波動的歷史縱橫

循環的奧祕：經濟波動的歷史縱橫

　　繁榮與蕭條的交替並非偶然，而是經濟活動中深層的循環律動。這種循環的規律已被學者們認識並加以研究，從而逐步成為人們理解經濟運作的重要正規化。

　　將「商業危機」一詞更替為「商業循環」，反映了人們對這種規律性的認知提升。早在西元 1837 年，倫納德‧培根就洞見了這種重複發生的共性，這一洞見幾乎也適用於 1932 年的情形。西元 1867 年，約翰‧米爾斯進一步明確了 10 年左右的週期性，此後學者們也相繼發現了更短的次要循環和更長的長波。

　　這些循環究竟源自何處？有學者認為，一些外部因素如太陽活動、行星運行等自然節奏，可能會對經濟活動產生影響，形成所謂的「被迫的」循環。但更多的循環則源於經濟組織內部的運作機制，是內生性的。無論其起源如何，經濟循環的存在都說明了經濟活動並非完全隨意，而是遵循著一定的規律。

　　可以說，「循環」的理念，為我們揭示了經濟運作的奧祕，為我們認識經濟規律，掌握經濟走向提供了重要視角。當今時代，面對經濟的起伏跌宕，如果我們能夠深入理解其循環的本質，或許就能在未來的「此次」商業循環中，更好地掌握機遇，應對挑戰。

　　經濟活動中存在著許多不同頻率的週期性變化。這些週期性趨勢不僅源自於外部因素，也源自經濟機制內部的複雜相互作用。

　　一年一度的季節變動，以及每天一次的日夜交替，都是由自然環境所引發的週期性變化。地球繞日公轉產生的季節更替，決定了諸如農業活動、商業節奏等週期；地球自轉引發的明暗交替，也為人類生活和經濟活動帶來 24 小時的節奏。這些外在的「被迫」節奏，是相對長期且穩定存在的。

經濟活動中的「摩擦」和自發性週期

然而，光是研究這些外部驅動的週期性，並不足以解釋經濟繁榮與蕭條的起伏。我們必須深入剖析經濟機制內部的節奏。在這裡，我們發現並非簡單清晰的週期循環，而是一個錯綜複雜的網絡。

任何經濟要素的失衡，都可能引發連鎖效應，波及其他多個甚至全部因素。過度生產、過度消費、過度投資、過度儲蓄等，都可能成為失衡的導火線，最終導致經濟在均衡點附近來回振盪。這並非單一或簡單的因果關係，而是各種經濟力量相互牽制、互為影響的複雜網絡。

我們不應期望找到一個單一的解釋，反而應該尋找其中最為重要、具有主導性的要素。就像池塘中的漣漪，有些波動可能只是小小的漣漪，而有些卻可能捲起巨浪。洞悉這些內在的複雜節奏，才是我們真正理解經濟週期的關鍵。

［經濟活動中的「摩擦」和自發性週期］

在經濟活動中，存在著類似於機械中的「摩擦」因素，阻礙經濟運動朝任何一個方向的持續發展。這種「經濟摩擦」使得經濟鐘擺的擺動幅度逐漸縮小，最終回歸到均衡狀態。

而在現實中，經濟活動總是受到各種外部因素的影響和干擾，比如發明創新、新市場的開拓、戰爭、自然災害等等。這些外部因素的出現，經常會導致某些商品價格、整體物價水準、收入、生產、消費等經濟指標發生劇烈波動，這樣的波動幅度往往大過由內在因素引起的週期性波動。

事實上，歷史上所謂的「商業循環」很難找出清晰的週期性，各種循環往往源於不同的外部因素，相互之間也缺乏一致的節奏。有時，一個因

素剛引發的振盪尚未結束，另一個因素就已經開始發力，形成連續性刺激。有時則恰好相反，多個振盪在沒有新的誘因干擾的情況下得以完成，從而呈現出較為明顯的週期性。但即使如此，這種週期性也往往不太穩定，很容易受到其他波動的擾亂。

就像一把置於波濤洶湧的海面上搖晃的椅子，它的動作既無法完全遵循簡單的週期規律，也難以被稱作「循環」。同樣地，在經濟活動中，我們既找不到全然確定的內部自發週期，也很難將之概括為什麼樣的循環模式。這或許說明了經濟活動的複雜性和不確定性，只能依據現時的知識和資料做出謹慎的判斷，而非過於確定地追求什麼樣的循環理論。

自由循環與被迫循環共存，二者相互交織，構成了經濟波動的複雜面貌。從簡單的重複性振盪到歷史事件的不規則變化，經濟活動始終存在著相互牽制的循環趨勢。

我們不應將所有的經濟波動簡單地歸為「循環」，因為循環只是一種特定的趨勢表現，並非經濟現實本身。真實的經濟過程是由多種驅動力相互作用的結果，呈現出複雜多變的圖像。

趨勢與事實之間存在著本質區別。趨勢建立在特定前提下，是簡化的模型，而事實則源自複雜的綜合影響。比如說，船隻在波濤中的運動，既有週期性的節奏，也有難以預測的非週期性干擾。同樣，經濟波動不僅包含自由循環和被迫循環，還有不同時間尺度的各種趨勢因素交織其中。

理解這些循環趨勢確實對我們有所啟示，但單靠這些知識是不夠的。要全面掌握經濟的興衰變化，我們還需要洞悉其他非循環性的要素。只有將循環趨勢與其他驅動力結合起來，我們才能勾勒出經濟波動的全貌。

因此，經濟分析應該超越簡單的週期性概念，而是審視複雜的因果關

係。只有了解到經濟現象的多樣性和不確定性，我們才能更好地應對未來的挑戰。

［探尋經濟自由循環的奧祕］

在危機和蕭條的陰影之下，科學研究的成就為我們揭示了經濟循環的真諦。克里門特・朱格拉的研究揭示了主要的 7～11 年週期循環，而更近期的研究又發現了較短 40 天的次要循環，特別在美國市場中較為顯著。更令人驚奇的是，蘇聯學者康德拉季耶夫教授指出了長達 45～60 年的「長波」循環。

這些外部強加的經濟節奏並非全部，還有一些內生於經濟機制本身的自由循環。傑文斯教授發現了一個 10 年的太陽黑子週期影響，而另一位學者則提出了 3.5 年的太陽輻射週期。但除此之外，還有很多無法直接關聯到外部因素的短期週期性趨勢，比如一年一度的季節變化和每日晝夜循環。

雖然這些「被迫」的循環趨勢都有一定的客觀依據，但它們往往無法精準地解釋繁榮與蕭條的浮動。為此，我們必須深入到經濟機制的內部，去探究那些相對獨立的自由循環脈動。但這並非易事，因為我們陷入了一片模糊和爭議：我們看到了清晰的長期趨勢，卻難以定義其中的節奏律動；我們也找到了某些有節奏的趨勢，卻難以明確其相互關係。

本書將著重探討一組由九大要素構成的自由循環系統，希望透過解構其中的錯綜複雜關係，揭示經濟自由循環的奧祕所在，以期能為未來的經濟發展提供有益的啟示。

循環的奧祕：經濟波動的歷史縱橫

　　人類社會中，除了許多短期週期性變化外，還存在著更為複雜、難以捉摸的長期經濟循環。這些經濟循環不僅受到季節性因素的影響，也深受人類活動本身的複雜網絡所主導。

　　看似簡單的經濟機制，實際上是一幅錯綜複雜的圖像。每一個經濟要素都與其他要素相互關聯，形成一個龐大的動態系統。任何一個要素的變動，都會引發整個系統的波動。過度負債、通貨緊縮、生產過剩或不足、消費過度或不足、投資過度或不足、儲蓄過剩或不足等，都可能成為引發經濟失衡的起始點。

　　這種失衡並非單純的線性因果關係，而是一種回饋循環。每種經濟力量都會影響其他力量，形成一個互相推動、相互制衡的動態平衡。一旦這種平衡被打破，整個系統就會陷入週期性的振盪。不同要素的波動週期也可能互相重疊、相互影響，使得整體的經濟週期變得更加難以捉摸。

　　要尋找導致繁榮與蕭條的根源，並非一件簡單的事。我們不能僅盯住單一的因素，而是要審視整個經濟系統的動態關係。或許在某些時候，過度負債或通貨緊縮會引發巨大的波浪；而在另一些時候，生產過剩或消費不足才是關鍵所在。關鍵是要洞悉這些要素之間的微妙連繫，才能找到穩定經濟循環的出路。

　　可以說，經濟循環的本質就是一個高度複雜的動態系統。只有深入探究其中的內在機制，我們才能真正理解和應對經濟的起伏變化。這需要我們拋開簡單的線性思維，轉而採取系統性的思路，這無疑是一個艱鉅而漫長的過程。

[生產不足與通貨緊縮的連鎖影響]

任何經濟環境的失衡都可能引發連鎖效應，波及整個體系的其他因素。這並非僅僅源自我們討論過的過度負債與通貨緊縮，還可能起源於其他領域的「過度」或「不足」。

比如過度生產或生產不足，過度消費或消費不足，過度投資或投資不足，過度儲蓄或儲蓄不足，這些都可能成為失衡的起點。任何對經濟平衡的暫時偏離，都可能引發向均衡點回復的趨勢，但卻會超越均衡點，在其附近來回振盪。

經濟力量之間的關係並非如同古典經濟學家所想的那般簡單。每個力量並非只與相鄰的兩種力量發生關係，而是相互影響、相互關聯的。一種力量的改變會引發所有其他力量的改變，就如同一個裝滿瑪瑙的碗，動其中任何一顆，其他瑪瑙都會波動。

因此當經濟失衡時，我們無法只尋求單一或簡單的解釋，而應去找那些相對更重要、更具支配性的因素。比如在經濟的「池塘」中，過度負債和通貨緊縮可能造成巨大的波浪，而相比之下，過度生產或小麥減產只會製造些微漣漪。

這些不均衡最終都會回歸到均衡，除非外部力量再次引發失衡。在這過程中，存在著一種阻滯作用的「經濟摩擦」因素。就像機械裝置中存在的物理摩擦，這種摩擦會讓經濟擺動的幅度越來越小。

然而，無論經濟還是力學，都存在著外部力量，能夠打破這種趨於平衡的運動。故不能簡單地認為「此次」商業循環就是一個週期性的神話。歷史上的每次循環都是源於不同的外部誘因，如發明創造、新市場開拓、戰爭等，它們與某些經濟因素產生衝突。要在這些誘因中尋找規律性的趨

勢並非易事，或許根本就不存在。

　　經濟波動是一個複雜的現象，既包含著可辨識的週期性趨勢，又受到許多非週期性因素的影響。對於這些複雜的經濟動態，我們應該謹慎地認識循環和趨勢之間的區別。

　　實際上，許多經濟指標表現出明顯的週期性振盪，這似乎支持了循環理論。然而，仔細觀察可以發現，這些週期性並非完全「自由」發展，而是受到各種外部誘因的推動和干擾。一些經濟波動可能很快在一個因素引發的振盪消失前，就被另一個因素所主導，這種連續性令人困惑。有時則較為幸運，多個振盪在沒有新的干擾下得以完整呈現，進一步佐證了循環的存在。但更多時候，週期性卻會逐漸消退，難以維持。

　　整體而言，經濟中既存在著帶有節奏感的「被迫」循環，也有較為自由的波動。二者交織在一起，形成了複雜多變的實際景象。就好比一把搖椅在海上船隻的起伏中，它的運動既有一定的規律性，又難免受到外部干擾而失去節奏。

　　經濟現象中另一個重要因素就是趨勢。在某些簡化前提下，商業波動確實會沿著循環軌跡運行，就如同理想化的搖椅晃動一般。但現實往往更複雜，是多重趨勢交織的結果。有的趨勢具有週期性，有的則完全沒有。概括而言，需要區分經濟發展中的循環趨勢和不平穩的具體事實。

　　儘管如此，研究經濟中的循環趨勢仍然有其價值。這能幫助我們更容易理解和應對即時的經濟波動，就像水手能夠預測船隻的短期運動一樣。但我們必須謹記，這種知識只是經濟全貌中的一部分，還需要考慮其他非週期性因素。整體而言，對經濟波動的認知應該是多元的，既包括被迫的循環、自由的波動，也包括各種趨勢和外部誘因。只有這樣，我們才能更好地掌握和應對經濟的複雜性。

商業循環中
的理論百家爭鳴

商業循環中的理論百家爭鳴

在研究商業循環的繁榮與蕭條過程中，眾多理論觀點很難有完全一致的結論。不同研究者採用不同方法，自然會得出各不相同的理論解釋。然而，這些理論常常是相互補充，而非互相矛盾。令人遺憾的是，許多研究者過於偏執於某一個因素，並且排斥其他因素的解釋。而那些認為只有一種理論能完全解釋繁榮蕭條全過程的人，也不太願意接受新的理論作為替代。

就筆者而言，在之前的著作中提到了一些具有振盪性質的因素，結果不知不覺就被歸類到相應的學派中，好像我已經提出了一個全面的理論解釋。但是，簡單爬梳現有的一些理論，會發現它們基本上是相互吻合的，而且與本書主題的過度負債和通貨緊縮也存在一定關聯，儘管在這些理論中，過度負債並未被明確地賦予核心地位。諸如韋斯利·克萊爾·米切爾的研究成果雖然經典，但在敘述理論時，也沒有具體提及債務循環。

我將在下文中介紹一些相關理論，並非為了指出其不足之處（因為沒有任何理論是完美的），而是為了承認其中的合理成分，並表示它們似乎與過度負債和通貨緊縮這兩個本書關注的核心因素之間並非毫無連繫。這些理論包括價格紊亂理論、放款者和借款者的前瞻差異理論等。透過分析這些理論，相信我們能夠更容易理解商業循環中錯綜複雜的因果關係。

收入變化、貼現率波動、現金餘額變化、過度自信、過度投資、過度儲蓄、過度支出等理論，都在試圖解釋經濟週期波動的成因。每一種理論都從不同角度切入，揭示了經濟系統中存在的複雜動態機制。

收入變化理論指出，實際收入的波動和收入再分配是導致經濟波動的關鍵因素。貼現波動理論則強調，貼現率的動態變化對債務價值和償債能力有重要影響。現金餘額變動理論則關注銀行存款與準備金之間的脫節，

是引發不穩定的一個泉源。

　　過度自信理論認為，生產者對未來需求和競爭的過度樂觀，導致了過度負債和破產風險的累積。過度投資理論則認為，投資過度是經濟波動的根源，但如果沒有伴隨借貸行為，嚴重後果可能不會隨之而來。過度儲蓄理論指出，過度儲蓄會引發過度投資和過度負債。而過度支出理論則認為，從反面看，儲蓄不足和過度支出也可能是經濟波動的病因。

　　這些理論或許各有側重，但它們都在嘗試從不同角度解釋經濟動態變化的本質。只有綜合運用這些理論視角，我們才能更全面地掌握經濟週期波動的複雜機制。這需要我們打破單一理論的局限，以更開放和整合的心態去認識經濟現象的多元性。

［再談商業擾動的「首要原理」］

　　在探討造成商業擾動的各種理論時，我們不能忽視儲蓄與投資之間的不一致性所帶來的影響。這種不一致通常是由債務所導致的，可能會引發嚴重的問題，尤其是當投資主要來自借貸資金而非儲蓄時。生產能力過剩也是過度投資的自然結果，無論這種過度投資是由於過多債務還是其他因素造成的。J·M·克拉克教授曾明確指出，建設工程的突然中斷會造成劇烈的振盪，而如果這些工程是靠借款來融資的，振盪的幅度會進一步放大。

　　另一方面，消費不足和對消費品需求的變化也至少會引發一定程度的振盪。雖然大多數經濟學家對過度生產理論持懷疑態度，但在繁榮時期，我認為該理論仍然存在一定的可能性。根據卡爾·斯奈德的統計研究，生

商業循環中的理論百家爭鳴

產似乎是以一種非常穩定的狀態向前發展的,所以很難把它視為導致大蕭條的主要因素。不過,過度生產可能會加劇債務的清償問題,當借款對其商品在市場上的表現感到失望時,這可能會是債務危機的前兆。

整體而言,上述這些理論都包含著一些重要的真理成分,與過度負債或通貨緊縮有關,或與它們二者都有關聯。在本書中,我專注於探討九個造成商業擾動的「首要原理」。當然,我們也可以對其他趨勢進行探討,使它們也有機會被視為「首要原理」。無論如何,要得出最終結論之前,我們還需要做更深入的統計研究和歷史研究,以確定這些理論的相對重要性。同時,我們也需要進一步研究這些循環趨勢的具體特性,如持續時間、振幅變化趨勢等,以期更容易理解和掌控商業擾動。

經濟繁榮與蕭條的循環往復是一個複雜的問題,不同研究者往往會得出不同的理論解釋。這裡將簡要地介紹幾個關於此問題的重要理論,以期能夠更容易理解1929～1932年間實際情況與本書所探討的過度負債和通貨緊縮之間的關係。

首先是價格紊亂理論。這一理論認為,當經濟中某些價格過低而其他價格過高時,就會阻礙商品的交換,進而影響生產和就業。很顯然,本書強調的通貨緊縮會導致價格紊亂,使得諸如租金、利息、稅收、薪資等價格與其他價格表現割裂。這種價格失衡必然造成經濟的混亂,呈現出一種逐步強化的態勢:某些價格越是剛性,其他價格就越是難以維持。1932年大蕭條時期,經濟中出現了空前嚴重的價格剛性現象,如果這種趨勢持續,經濟崩潰的風險也會越來越大。

另一個相關理論是放款者和借款者的前瞻差異理論。在通貨膨脹時期,借款更容易感受到實質利率較低,從而過度借貸,陷入負債泛濫的境

地。而一旦通貨膨脹轉為通貨緊縮，實質利率反而大幅提高，借款則難以及時意識到這一變化，仍然保持高度的債務水準，最終導致經濟危機的爆發。

總之，不同理論似乎都與本書所探討的過度負債和通貨緊縮問題存在一些連繫，這顯示經濟週期的動力機制是一個複雜的過程，需要綜合考慮各種相互作用的因素。了解這些理論的共同點和不同點，有助於我們更容易理解 1929～1932 年間經濟動態的內在邏輯。

［經濟波動的根源與啟示］

本書透過深入探討一些關鍵理論，企圖解開經濟過度負債和通貨緊縮這兩個關鍵要素背後的奧祕。

首先，價格紊亂理論指出，當某些價格過低而另有些價格過高時，商品交換就會受到阻礙，這包括對於生產和就業的影響。通貨緊縮使某些價格（如租金、利息、稅收、薪資等）變得更加堅挺，造成其他價格難以維持，形成惡性循環。這種價格體系的逐步剛性化，不穩定程度越來越高，經濟崩潰的可能性也愈加嚴峻。

接著，放款者和借款者的前瞻差異理論指出，在通貨膨脹時期，借款比放款人更容易看到實質利率很低的事實，於是大量舉債，導致過度負債。收入變化理論也強調，實際收入的波動和收入再分配是關鍵因素，影響利潤和失業。

此外，貼現波動理論強調，收入資本化所採用的貼現率波動，會影響債務抵押品價值，從而影響償債能力。現金餘額變動理論則指出，存款人

商業循環中的理論百家爭鳴

存款餘額與銀行儲備的不一致,導致了不穩定的產生。

最後,過度自信理論強調,生產者對未來的消費和競爭的猜測錯誤,往往造成過度負債,這也是過度自信引發的主要困擾之一。

可以看出,這些理論都深度剖析了經濟波動的根源,給我們一些重要啟示。比如,我們需要關注價格體系的剛性化趨勢,改善放貸者和借款者的資訊對稱,加強對收入變化的政策調控,控制貼現率波動,管控銀行系統現金流的穩定性,並防範生產者的過度自信。只有全面掌握這些關鍵因素,我們才能更好地應對經濟波動,促進經濟的健康穩定發展。

收入變化理論指出,實際收入的波動和收入的再分配對於利潤和失業的影響非常重要。貼現波動理論關注收入資本化所採用的貼現率的波動,這會影響債務抵押品的價值和償債能力。現金餘額變動理論則強調銀行儲備與存款人現金餘額的不一致導致經濟不穩定。

另外,過度自信和樂觀理論也對生產和消費之間的時間差距造成影響。生產者在猜測未來消費和競爭時,難免會過於自信和樂觀,導致過度負債。即使沒有資金借貸,過度自信也可能造成明顯的振盪。

過度投資理論與本書分析最為相似,過度投資往往會造成嚴重的經濟波動。但過度投資通常也伴隨著過度負債,這是導致經濟危機的關鍵因素。事實上,過度儲蓄也可能導致過度投資和過度負債。

反之,如果是儲蓄不足或過度支出,經濟振盪的方向會與過度投資相反。但現實中,繁榮時期常出現過度投資與過度支出共存的情況,這是由於過度負債。只有借貸資金充足,這兩種看似矛盾的行為才能同時存在。

總之,當代社會的經濟波動和收支失衡,往往源於收入變化、貼現率波動、銀行儲備與存款變化、過度自信和樂觀,以及過度投資、過度儲蓄

和過度支出等諸多因素的複雜互動。而貫穿其中的關鍵因素，正是過度負債行為。

［如何預防經濟大蕭條的重現］

歷史告訴我們，經濟的泡沫總是無法永續膨脹，最終必將崩塌，引發深重的經濟蕭條。儲蓄和投資之間的不一致，往往都是由債務所引發的，進而導致生產能力過剩，最終引發消費不足，從而陷入經濟崩塌。

雖然過度生產自身並不足以造成經濟長期蕭條，但它很可能會引發債務危機。當借款對於自身產品的市場接納程度預判失誤時，必將陷入被迫清償債務的困境。這會迫使生產者減少商品生產，進而加劇經濟的下滑。

相比其他一些理論，本書討論的九大趨勢作為造成經濟擾動的「首要原理」，包含了許多重要的真理。當然，要對它們的相對重要性做出最終判斷，還需要進一步的統計和歷史研究。我們需要了解這些典型循環趨勢的持續時間、振幅變化規律，以及它們之間的時間關係。只有充分了解這些規律，才能更好地防範未來可能出現的經濟大蕭條。

展望未來，我們必須審慎看待過度債務以及生產能力的過度擴張。只有妥善控制這些風險因素，才能避免悲慘的經濟危機再次發生。讓我們以充分的準備迎接未來的挑戰，確保經濟社會的持續繁榮。

商業循環中的理論百家爭鳴

新發明與過度負債
——世界經濟大蕭條的趨因

新發明與過度負債—世界經濟大蕭條的趨因

戰爭和戰後的重建都需要大量的資金投入。在現代戰爭中，私人企業被徵召提供物資，需要大量向金融機構借款。戰後，企業需要重新調整經營，也需要依賴這些借款。雖然戰後出現了經濟復甦，但新發明和技術革新也促使許多企業設立自己的實驗室，進行大規模生產和創新活動。這一時期，美國國內所授予的專利數量創歷史新高。

與此同時，上世紀 20 年代企業融資也出現了一種新趨勢 —— 採取股票融資而非債券融資。這種降低債務比例的做法本可以減輕企業負債，但卻加重了個人投資者的負債水準。許多投資者利用保證金帳戶大量借款購買股票，形成了以個人負債為主的新型資產泡沫。

學者們的研究也加劇了人們對股票投資的熱情。他們認為相比債券，股票投資組合能為投資者帶來更好的收益。此種研究結果本身是積極的，但隨著個人負債規模不斷擴大，最終卻埋下了世界經濟大蕭條的禍根。過度依賴個人負債所構築起的脆弱金融體系，最終導致了這場蕭條的爆發。

[人類的貪婪與金融的悲歌]

人類的貪婪往往會矇蔽我們的雙眼，使我們看不到真正的風險所在。在繁榮時期，美國的金融界就是如此，一味追逐利潤，忽視了風險管理和客戶利益。

信託投資機構就是這一時期的縮影。它們如雨後春筍般迅速發展，但其背後往往是建立在借貸資金的基礎之上。這些機構將客戶的資金分散投資於各類股票，在短期內獲得了可觀的收益。但與此同時，也加劇了整個金融體系的脆弱性。因為這些機構本身資金並不穩定，而投資者也是利用

借來的錢進行投資，使得債務層級不斷升高。

更令人擔憂的是，促成這一切的罪魁禍首正是投行及其銷售人員。他們不遺餘力地鼓吹和煽動這種過度負債的投資行為，僅僅為了獲取可觀的利潤。一位學者曾經寫信告訴我，在尋求發行新的金融產品以滿足大眾需求的過程中，投行們漠視了債務人的償還能力，漠視了可能出現的外國債務人清償債務的情況，以及漠視了相關證券持有人現有股權需要重組和合併的問題。

可悲的是，這種情況並非個別現象，而是整個繁榮時期的一個普遍特徵。一些企業的不誠信行為也加劇了問題的惡化。當所有人都被利潤所矇蔽，追求眼前的利益而忽視長遠的風險時，必然會釀成金融動盪和經濟危機的悲劇。

這告訴我們，人類的貪婪與金融的無序發展，往往會帶來嚴重的後果。我們需要審視自己的行為，堅持誠信，也需要金融監管的力量來遏制這種短視行為，以確保金融市場的健康穩定發展。只有這樣，我們才能避免重蹈覆轍，走向一個更加公平、有序的未來。

第一次世界大戰的結束帶來了眾多變革。與以往的戰爭不同，這次戰爭非銀行家和富人的專屬，而是普通民眾都積極參與其中。人們開始理解什麼是「投資」，並自豪地成為證券持有者，甚至還借錢購買股票。這種投資熱情導致了資本利得稅的出現，但卻被錯誤地歸入所得稅中，使得投資者因擔心股票收益被抽走而徘徊不前，進而增加了借款來購買其他證券的行為。這股投資熱潮帶動了存款貨幣和企業利潤的大幅成長，推動股票市場價格不斷攀升。

然而，在這一時期，商品價格水準卻未出現大幅上漲，反倒出現了下

降趨勢。這一現象與股市快速上漲形成鮮明對比，突顯了物價指數在反映貨幣和商業發展動向時的局限性。雖然一些學者設計了更加全面的「總指數」，但目前仍以批發物價指數為主，它在戰後通貨膨脹和緊縮時期表現良好，但在1923～1929年的特殊時期表現不盡如人意。

戰後重建的需求使得美國投資者積極進軍海外市場，不僅向歐洲和南美國家提供大量資金，還大量投入到德國的戰爭賠款中。這種不健康的資金流向，不僅助長了其他國家的不健康繁榮，也埋下了日後的潛在危機。美國投資者的這種急於投資海外的行為，最終為自身和鄰國帶來了即將崩潰的局面。這種做法不僅存在鋪張浪費，也加劇了各國政府的債務困境，引發了德國銀行行長的批評。

[海外投資的陰暗面]

美國金融界長期以來一直慷慨地向外國提供龐大的貸款，這為美國國內經濟活動的持續發展提供了重要支撐。但事實上，這種大量的海外投資行為也隱含著不少風險和問題。

其一，這種借貸行為本身就是一種浪費和過度擴張的表現。不論是協約國向德國索取鉅額賠款，還是美國政府向盟國提供大規模貸款，都是以債務作為工具來支撐自身經濟，這種做法頗有違背經濟發展的本質。金融界引以為傲的「紐約取代倫敦成為世界金融中心」的宣言，實質上也只不過是建立在大量借貸與投資的基礎之上。

其二，這些負債往往很難按期清償。即使是協約國對德國施加的鉅額賠款，經過反覆協商最終也只能大幅減免。而美國政府的對外債權也逐步

海外投資的陰暗面

發展成為名義龐大、實際價值微小的存在。這些債務纏身的國家，最終不得不再次透過舉債的方式來清償前期的債務。如此循環，可謂是陷入了「債務陷阱」。

最後，過度的海外投資還可能導致國內經濟的失衡。一味向外放債，勢必會稀釋國內的投資資金，而使農民、商人等各行各業過度依賴借貸的惡劣局面惡化。分期付款等新型消費模式的迅速興起，也顯示了國內消費需求正在被過度刺激。如此一來，經濟發展的基礎便會受到嚴重威脅。

總之，美國金融界過去對外過度放債的做法，看似是經濟繁榮的象徵，實則暗藏許多隱患。對於這些問題，我們必須引以為戒，審慎看待海外投資對本國經濟的影響，謹慎選擇發展道路。只有這樣，才能最終實現真正穩健的經濟成長。

美國國內的公共債務一直處於上升態勢，這股趨勢自1929年危機爆發後更見明顯。從1915年到1919年，聯邦、州及地方政府的債務總額增加了5.5倍，到1932年又進一步增加14%。到1931年年末，公共債務總額達到約340億美元，平均每人超過271美元。而1929年危機爆發時，這一數字大約為300億美元。其他國家同樣存在不小的公共債務，大都是戰爭遺留下來的。即使是中立國家也未能倖免。

美國國內的私人債務也呈現持續成長態勢。從1910年到1928年，農產抵押貸款額成長了超過2.7倍，雖然在此期間農產估值實現淨成長，但抵押和未抵押的農產淨權益卻從90%下降到78%，債務負擔大約為95億美元。1929年，其他農業相關債務約19億美元。城鎮抵押貸款從1920年到1929年成長了3倍多，達到370億美元。基於人壽保單的債務額1929年為24億美元。企業長短期負債1919年約760億美元。1926年的分期付款購買債務約22億美元，1929年則升至30億美元。

新發明與過度負債—世界經濟大蕭條的遠因

　　同時，美國銀行貸款和貼現數額也經歷了大幅成長。從 1914 年 6 月至 1929 年 10 月將近成長了 3 倍，從 1917 年 6 月開始成長了一倍，從 1922 年成長 50%，從 1926 年成長近 15%。扣除經紀人貸款，1929 年商業銀行貸款額達到 390 億美元峰值。

　　這股債務激增的浪潮正是對 1920 年代股市狂飆的一個側影。大約在 1923 年股市開始了一波牛市行情，投資者短短 3 年內就能將 100 美元翻倍，甚至從 1913 年入市，持有至 1929 年 9 月也能將本金增值 4 倍。投資信託公司也趁此暴漲一時，在 1929 年前 9 個月數量從 200 家激增到 400 家，吸納了 10 億美元客戶資金，發行證券更是節節攀升。然而，這一切的背後，正是美國債務危機的暗潮洶湧。

［金融繁榮背後的隱憂］

　　經過戰後的迅速復甦，1920 年代的美國經濟陷入了一種前所未有的繁榮期。但這種表面的繁華掩蓋了許多潛在的隱憂。

　　首先是債務問題。從 1928 年到 1929 年，經紀人貸款就成長了 50%，達到了約 95 億美元的峰值。這其中包含了許多違規貸款，成為了整體債務的主要組成部分。與此同時，商業銀行貸款也達到了 390 億美元，加上其他各種國內外債務，總額高達 2,340 億美元。這種龐大的債務負擔無疑為經濟的長期健康帶來了隱患。

　　另一個問題是黃金儲備。雖然戰後美國成為了一個大債權國，但實際上卻沒有累積多少實際的黃金儲備。這是因為我們不僅沒有從債務國那裡收回多少貸款，反而不斷向他們發放新貸款，遠超過了他們償還給我們的數額。

大量黃金要麼被標記為歐洲所有，要麼會隨時被取走，實際上美國並沒有真正擁有。這種脆弱的黃金儲備狀況，將來極有可能導致美元的不穩定。

種種跡象顯示，表面上的繁榮景象下，金融體系存在著諸多隱患。過度的債務膨脹以及脆弱的黃金儲備，都可能在將來的某個時刻引發危機。我們需要及時警醒，採取必要的措施，來維護經濟的長期健康和穩定。只有這樣，才能避免一場可能隨時爆發的金融災難。

戰後的經濟復甦雖令人振奮，但其中也蘊藏著危機的萌芽。戰爭導致大量借貸，但同時也催生了一波科技革新浪潮。美國累積了龐大黃金儲備，卻未能合理利用，反而主動削減黃金基礎，建立債務結構。與此同時，投資和融資行為也發生了變化，個人借貸漸取代企業負債，形成潛在的風險隱患。

1920年代是一個充滿生機與機遇的時代。戰後歐洲逐漸恢復元氣，新興科技層出不窮，工業化和科學管理邁入新的階段。美國國內專利申請激增，一個新時代正在到來。企業融資方式也發生了變化，更多採取發行股票而非債券的模式，以減輕債務負擔。

然而，這種好處很快被抵消。為購買股票，許多個人開始大量舉債，透過保證金帳號等高風險方式投資，疊加在企業股權之上。這種個人負債代替集體負債的模式，埋下了經濟崩潰的種子。龐大的黃金儲備無法支撐更多的貨幣發行，加上過度投機、個人過度負債等因素，最終導致了1929年經濟大蕭條的爆發。

這段歷史告訴我們，即使在一個充滿希望的時代，也需要警惕潛藏的風險。貨幣、信貸、投資等各環節的失衡，都可能釀成災難性的結果。只有審慎管理，才能確保經濟繁榮的可持續性。

新發明與過度負債—世界經濟大蕭條的趨因

[新時代的繁榮並非是真正的繁榮]

在戰後的繁榮時期,由於多重因素的影響,美國社會出現了一股強烈的投資熱情。一些統計研究助長了人們對於股票投資的偏好,告訴人們股票投資往往能為投資者帶來更高的收益。同時,信託投資機構的迅速發展,也推動了人們過度的債務投資行為。投行員工的鼓吹和煽動更是推波助瀾,導致人們過度依賴債務進行投資。

然而,這種表面的繁榮並非真正的經濟健康發展。一方面,信託投資機構普遍存在資本不穩定的問題,其依靠借款營運的模式加劇了整體的債務水準。另一方面,企業的不誠信行為也是造成這一局面的重要因素。此外,普通民眾在投資方面缺乏經驗,但卻在戰爭期間被點燃了投資熱情,匆忙進入股市,甚至靠借貸進行股票投資,這種做法進一步加劇了債務問題。

儘管在這一時期,企業利潤上升,股市繁榮,但商品價格卻始終保持平穩,這其實是一種不祥之兆。事實上,隨著成本的下降,商品價格出現下降,而股市卻持續上漲,這種表現顯示這並非真正的經濟繁榮,而更像是一場泡沫。正如有學者所言,在這一特殊時期,美國正處於一個真正的「新時代」,這種表面的繁榮並非持久,隱藏著諸多隱患和風險。

1920 年代初,美國經歷了一段前所未有的繁榮期。不同於以往,這個時期的經濟成長不再只是銀行家和富人的事,幾乎每個普通民眾都參與進來。他們熱衷於投資,甚至不惜借貸也要購買股票。這種投資熱情讓股票市場出現了持續上漲,但與之形成強烈對比的是商品價格水準的平穩。

分析人士指出,這種不健康的繁榮局面正遮蔽著潛在的危險訊號。一

方面，企業利潤和股票價格節節攀升，但另一方面商品價格卻未出現明顯上漲，這種脫節態勢顯示泡沫正在逐步形成。為了推動這種繁榮，美國投資者還大量向歐洲和南美洲提供資金，但這些資金大多用於建設體育館、游泳館等奢侈設施，而不是提升生產能力，使得這些國家同樣陷入了不健康的繁榮之中。

儘管有人對此提出警示，但大多數人仍沉醉在股市升值和頻繁投機的快感之中。他們清楚，一旦賣出股票，就要向國稅局繳納大量資本利得稅，於是選擇繼續持有股票，並不斷借貸以增加投資。這加劇了貨幣供應的擴張，進一步推動了這場金融狂歡。

然而，所有這些都為未來的經濟崩潰埋下了陰影。正如一位德國銀行家所說，靠著從美國人那裡借來的錢，這些國家生活得如同富人一般，但這種奢靡的生活方式必將招致災難。1920年代的繁榮只是一場幻象，一場必將破滅的夢境。

［賠款的代價：從戰爭到和平的荊棘之路］

在1918年的停火協議之後，隨著巴黎和會的日益逼近，最被協約國普遍接受的計畫便是從戰敗國那裡獲得盡可能多的賠款。所謂的「戰敗國」實際上指的就是德國，因為它的財富和資源要遠遠多於奧地利、保加利亞和土耳其。有傳聞說，一位英國的金融家預測德國的賠款在1,000億～2,000億美元之間。即使是在凡爾賽和約簽訂後、賠償委員會做出評估前，協約國各國的財政大臣們還在議論這個數字可能是750億美元。

實際評估值卻是330億美元──這仍然是個龐大的數字，凱因斯先

新發明與過度負債—世界經濟大蕭條的趨因

生曾指出,這個數額可能會讓德國違反停火協議。事實證明,這麼大的賠款數額確實難以管控。在協約國與德國之間召開了幾次會議,並經過道威斯計畫和揚計畫的多次磋商後,一張支付賠款的時間表終於被擬訂出來:賠償的履行從 1930 年開始,一直持續 58 年。如果按此計畫支付,德國的賠款支付總額將達到 275 億美元,按 5% 的貼現率貼現到 1930 年,則只有約 90 億美元。

直到 1932 年,德國都是靠借款來支付賠款,但即使如此,德國還是提出要求延期償付。這對一個戰敗國來說,無疑是雪上加霜。然而,從另一個角度來看,大規模的賠款活動本身就是一種極大的浪費。美國在金融方面的投資和借貸行為也不乏浪費的成分,但卻反而自豪地宣稱紐約已取代倫敦成為世界金融中心。種種跡象顯示,賠款這個看似公平合理的做法,其實隱含了更多的代價和風險。和平的到來並非一帆風順,而是需要在戰火的餘燼中一步步摸索前行。

二次世界大戰後,美國成為世界上最大的債權國。自 1920 年代起,美國政府向 22 個國家提供了接近 100 億美元的貸款。到 1929 年,這些債款的本金和逾期未還利息,總額已達 116 億美元。為了緩解這一沉重的債務負擔,美國政府採取了延長償還期限和降低利率的措施,實際上將債務現值降至約 59 億美元。然而,名義上的債務總額依舊維持在 116 億美元左右。

戰爭賠款和政府間債務只能以商品形式償還,但美國卻透過對這些商品加徵特殊關稅,人為地增加了以商品償還的難度,同時又授予了這些國家延期償付的權利。到 1932 年,局面變得更加複雜:美國的私人部門將資金借給德國,而德國則用這筆資金向協約國支付賠款,協約國再用這些賠款償還其欠美國政府的債務。

與此同時，美國的國際私人債權也在持續成長。從 1912 年到 1931 年，這部分債權成長了 8 倍，而 1922 年至 1931 年的成長率更是高達 89%。即使在 1929 年經濟危機爆發的那一年，美國的對外投資總額仍超過了 250 億美元，其中 140 億美元來自私人部門的對外借款。

可以看出，美國作為戰後最大的債權國，不僅自身面臨著沉重的政府間債務，也涉及了大量的國際私人債權。如何妥善處理這些棘手的債務問題，成為了美國戰後經濟外交政策的重要課題。

[1929 年的龐大風險 —— 美國債務水準與投資泡沫]

美國國內的公共債務水準不僅在過去一直處於成長中，更是在 1929 年大蕭條爆發後繼續攀升。從 1915 年到 1919 年，聯邦、州及地方政府的債務總額增加了 5.5 倍。到 1932 年，公共債務總額更是進一步增加了 14%，達到接近 340 億美元，平均每人超過 271 美元。

與此同時，美國的私人債務也出現了大幅成長。從 1910 年到 1928 年，農產抵押貸款額成長了超過 2 又 3 分之 2 倍。城鎮抵押貸款的數額也在 1920 年到 1929 年間成長了三倍多，達到 370 億美元。人壽保單的債務額更是增加到 24 億美元，企業長期和短期負債約為 760 億美元。分期付款購買的債務也從 1926 年的 22 億美元成長到 1929 年的 30 億美元。

銀行貸款和銀行貼現數額也從 1914 年到 1929 年幾乎成長了三倍，達到 390 億美元的峰值。

與此同時，經歷了 1921 年的短期蕭條之後，股票市場開始了一波始無前例的牛市行情。大約在 1926 年，如果投資者採取一直持有的策略，

新發明與過度負債—世界經濟大蕭條的起因

他所投入的 100 美元會在三年內變成 200 美元。可以說，在這一時期，投資熱潮正在演化成一個被吹大到極致的泡沫。僅在 1929 年的前 9 個月，投資信託公司的數量便從 200 家猛增到 400 家，吸納了 10 億美元的客戶資金。

可以說，1929 年美國陷入了龐大的風險之中——無論是公共債務、私人債務，還是股市泡沫，都顯示出危險的徵兆。這些累積的風險最終將在 1929 年爆發，引發了大蕭條的出現。

美國在經濟繁榮時期累積了大量債務，引發了嚴峻的金融風險。1928 年到 1929 年，經紀人貸款激增 50%，達到 95 億美元的創紀錄水準，其中包括許多違規貸款。與此同時，商業銀行貸款也激增到 390 億美元，加上其他各種私人債務，美國國內各種債務總計高達 2,340 億美元。

這種債務膨脹帶來了危險的訊號。一方面，物價水準下降限制了債務人的還款能力，可能引發債務人的恐慌；另一方面，黃金供應的減少也會限制銀行延長還款期限的能力，引發銀行的擔憂。

戰後各國爭相恢復金本位制，引發了一場「對黃金的狂熱爭奪」。對於債務國來說，黃金已經變得越發稀缺。而債權國如法國則出現黃金過剩的情況。美國雖然在戰後一度也出現黃金過剩，但很快信貸結構的膨脹消耗了這些黃金儲備。事實上，美國並沒有太多可以自由支配的黃金，因為大部分都被作為短期信貸的擔保，隨時可能流回歐洲。

未來，美國需要審慎管控鉅額債務，避免債務危機爆發。同時，美國也應該重新審視其與其他國家之間的資金流動，防範黃金外流的風險，為長遠的經濟發展奠定基礎。

［深化債務弊害下的大蕭條］

回顧這段歷史可以看到，儘管美國在 1920 年代擁有大量黃金儲備，但由於過度負債和急於壓縮信用貨幣發行，最終導致了 1929 年的經濟崩潰，醞釀了隨之而來的嚴重大蕭條。

當時聯儲會為了配合英國重返金本位，主動削減了美國的黃金基礎，同時利率下降又刺激了紐約股市的投機行為。大量的債務加上脆弱的黃金基礎，共同造就了這場經濟災難。

正如熊彼得教授所指出的，1930 年正好是長、中、短三種經濟週期的交會點，使得這次蕭條格外嚴重。除了過度負債和通貨緊縮，南美革命、中日戰爭以及希特勒在德國的活動，都是導致這次蕭條的各種因素。

可以說，1929 年的經濟崩潰及其後的大蕭條，是美國過度依賴債務和黃金儲備的一次慘痛教訓。過度擴張的信用體系和脆弱的金融基礎，最終釀成了經濟的災難性崩潰。這必將成為歷史的一個重要里程碑，警示後世不能過度依賴債務和金本位，以免重蹈覆轍。

從 1928 年和 1929 年夏天開始，美國經濟出現了一些不太樂觀的徵兆。建築活動下滑，生產、貿易和就業整體下降，物價水準也開始下降。然而，這些警示訊號卻被大多數人忽視了。即使在同期的歐洲，更為顯著的經濟指標下滑同樣未引起人們足夠的重視。

美國股票市場卻成為了最先引起人們警覺的地方。儘管商品價格保持穩定，股票市場卻持續飆升。1928 年，聯儲會多次提高再貼現率試圖遏制這一投機熱潮，但可惜毫無成效。

1929 年 8 月 8 日，再貼現率甚至從 5% 大幅提高到 6%。這引發了一

新發明與過度負債—世界經濟大蕭條的起因

次短暫的股市下跌,但隨後迅速反彈,並於9月7日創下歷史新高。

經紀人貸款,或稱保證金帳戶,是造成市場不穩定的重要因素。這些帳戶呈現出一種金字塔式的高度不穩定性,只需一個外部推手便可推動貸款和物價水準陷入深淵。而這個推手,竟然來自英國。

9月20日和9月26日,相繼從英國傳來的消息,成為了最後一根壓垮美國股市的稻草。美國經濟繁榮的假象終於破碎,一場大蕭條正在向全美襲來。對於這個迅速到來的危機,人們顯然是毫無準備的。誰也沒有想到,短短一年多的時間,繁榮景象就會如此迅速地湮滅,轉化為一場重大的經濟災難。美國即將面臨艱難的日子,而這一切的開端,恰恰源自於人們的盲目和樂觀。

[1929年股災的序幕]

此時的英國股票市場也剛剛經歷了一波牛市行情。在這次行情中,克拉倫斯・海特里不計風險地融資收購了大量企業,卻發現如果不採取造假的手段,他的金融帝國便難以為繼。1929年9月20日,海特里的困境被市場知曉,其公司股票被倫敦證券交易所暫停交易,隨後他宣布破產,投資者損失高達6,700萬美元。

這個壞消息,以及因此而導致的很多英國人在紐約股市上的賣出行為,構成了引發1929年股災的第一個推手。與此同時,英格蘭銀行提高貼現率的舉措,也在紐約證券交易所引發了一場拋售股票的效應,成為第二個推手。

接下來的9月29日,恐慌情緒開始出現。10月24日有1,300萬股

1929年股災的序幕

股票換手，很多人失去了一生的積蓄，另一些人則賺取暴利，但最終也被市場所吞噬。到1929年10月29日這個黑色星期二，股市經歷了最為黑暗的一天，100萬人參與交易，有165萬股換手，數十億美元市值一天內蒸發。

雖然聯儲局採取了一些措施企圖阻止股市下跌，但效果並不持久。到11月13日，股價水準已經下跌了42%，在10～11月兩個月內，230億美元市值灰飛煙滅。恐慌的結束並不代表股災的終結，隨之而來的是更為嚴重的經濟蕭條。

在這場由股市崩盤引發的危機中，我們看到了一連串環環相扣的惡性循環。首先是各國政府信奉政府債務就如同個人債務的錯誤信念，加重了歐洲經濟的缺陷。而英國在1922年實施的災難性通貨緊縮政策，也大大加劇了其他國家的物價下滑，從而對美國造成不利影響。此外，一些基本商品和製造行業出現了過度生產的情況，造成惡性循環的加速。

股市崩盤一旦發生，必將引發整個債務體系的清償，使經濟自我糾正變得格外艱難。商品市場上，為了留住股票，許多同時參與股票和商品交易的投資者紛紛拋售商品。此外，消費者的恐慌情緒也降低了貨幣的周轉率。活期存款與商業銀行貸款的關係也出現了嚴重問題，貸款的清償導致了存款貨幣的減少。

1930年上半年，活期存款和商業銀行貸款雙雙下滑，但定期存款和儲蓄存款卻出現了成長。然而到了1931年年中，連定期存款也開始因為人們囤積貨幣而減少。從金融市場到實體經濟，危機的蔓延勢不可擋，經濟體系的自我糾正路途備受阻礙。這場危機的演變，突顯了經濟金融系統的高度關聯性，昭示著必須採取綜合性的對策來應對。

新發明與過度負債—世界經濟大蕭條的趨因

［經濟危機中的反覆漸降］

自 1929 年 10 月至 1932 年 2 月期間，美國的經濟形勢可以說是起起伏伏、反覆循環。資料顯示，在這段時間裡，銀行的存款貨幣從 187.26 億美元下降到了 147.89 億美元，跌幅高達 21%。與此同時，貨幣的流通速度也下降了 61%，僅為 1929 年水準的 39%。這意味著，到 1932 年，維持物價、生產、貿易和就業所需的存款貨幣效率，已經只剩下 1929 年的 31%。

雖然其他貨幣元素受到的影響相對較小，但具體情況還是缺乏詳細統計資料。需要指出的是，「流通中的貨幣」統計資料往往被高估，因為實際上有一部分貨幣被囤積起來，並沒有真正進入流通。研究顯示，每年大約有 26 億美元的貨幣被囤積。

由於恐慌引發的流通速度放緩以及清償導致的貨幣數量減少，導致物價水準下滑。這對商業債務人造成極大壓力，引發了更多的清償和囤積行為，形成了一個惡性螺旋式下降過程。

貿易和利潤指標也在 1929 年夏季開始出現下滑。1930 年的資料顯示，企業利潤率已接近 1921 年的低位水準。163 家工業及雜類公司在 1931 年第四季度合計虧損 100 萬美元，遠低於 1925～1929 年間的 75% 季度增幅。

儘管在 1930 年初，股市以及商品價格等指標出現短暫反彈，但很快又恢復了跌勢。政府採取的一些措施，如鼓勵公共建設、維持薪資水準等，也未能扭轉頹勢。整體而言，這一時期的經濟反反覆覆，呈現漸降的態勢，主要受到貨幣緊縮和人們對於希望落空的反應的影響。

1931 年年初，經濟形勢出現了一些轉機。股市、存款轉速、生產和薪資總額都有所好轉，主要得益於貸款和零售業的成長。就業率也停止了下

滑，但尚未出現明顯反彈。然而，這一轉機並未持續，反而激發了諸多國際衝突。

1930 年美國頒布的斯姆特－霍利關稅法引起了其他國家的強烈不滿，加拿大等國家也採取了報復性措施。1931 年 3 月，已接近破產的德奧兩國企圖建立關稅同盟，卻遭到法義捷斯洛伐克等國的政治反對。

5 月，奧地利大型銀行安斯塔特信用銀行突然破產，波及德國和英國。接著，奧地利銀行陷入擠兌風潮，金本位制受到嚴重威脅。這場危機也席捲而來，影響到美國的銀行和投資者。

國際銀行家們立即採取行動，將短期貸款延長兩年，並有償還承諾。但同時，德國因為金荒也陷入困境，馬克大幅貶值。為此，1931 年 6 月，胡佛提出政府間債務延期償還，卻遭法國政府和銀行的猶豫不決。

7 月，英格蘭銀行開始拯救德意志帝國銀行，但英國金融體系也遭到沉重打擊。1931 年 8 月，一個國際銀行家委員會警告，除非能解決德國債務問題，世界難以恢復永久繁榮。然而，除了英國金融困境加重外，並未採取任何有效措施。

危機在國際上迅速蔓延，各國政府和銀行的應對方式也往往相互矛盾、效果有限。在這個風暴中心，全球經濟正走向更深重的衰退。

［ 昔日榮光不再，英美金本位制的崩塌 ］

1931 年 9 月，英國宣布脫離金本位制，停止其黃金的支付。短短數週內，23 個國家相繼跟隨英國步伐，放棄固定匯率制度。在這場匯率體系的崩潰中，爭議的焦點集中在美國和英國身上。

新發明與過度負債—世界經濟大蕭條的趨因

英國率先拋棄金本位,部分是因為其龐大的對外債務和缺乏足夠黃金儲備,難以維持原有匯率。同時,英國也想藉此刺激本國出口,但這不可避免地引發了其他國家的報復性貶值。當時美國也遭受了來自歐洲銀行的黃金大量撤出,令其黃金儲備大減。這其中或有一些國際政治角力的因素在內。

令人擔憂的是,在這一波動盪中,美國銀行業陷入嚴重危機。大量銀行倒閉,引發存款人的恐慌性擠兌,最終導致聯邦儲備不得不大量增發聯邦儲備券,以彌補銀行業的流動性需求。然而,新發行的紙幣卻無法重建人們對美國金融體系的信心。

面對這一前所未有的經濟危機,胡佛總統雖然提出了一些應對措施,例如成立國家信用公司和房屋抵押貸款公司,但都來得太晚,難以有效遏制危局的蔓延。處於保守立場的胡佛,也未能拿捏好財政支出和貨幣政策的平衡,反而加劇了經濟的惡化。

一度引以為傲的美英金本位制,如今已頹然倒下。昔日的國際金融中心正在失去信任,原本穩固的貨幣秩序也岌岌可危。這場匯率危機的深遠影響,勢必將改寫 1930 年代的世界經濟格局。

在經濟不景氣的時期,政府面臨艱難的選擇 —— 是應該增加支出,刺激經濟,還是採取緊縮政策,嚴格控制預算?不同的政策都會產生不同的影響,既需要平衡政府債務,又要促進經濟復甦。

過去的歷史經驗告訴我們,在通貨膨脹時期,政府傾向於增加借貸,刺激經濟;而在通貨緊縮時期,政府則往往採取緊縮政策,提高稅率,減少支出。然而這樣的舉措並非完美,也可能帶來一些問題。

在一戰期間,即使處於通貨膨脹階段,政府還是選擇了增加借貸,

這加劇了通脹。而在 1932 年的通貨緊縮時期，政府採取了徵稅和緊縮政策，結果卻使得每一美元的債務負擔進一步上升了 60%。由此可見，政府在制定財政政策時，既要考慮當前的經濟態勢，又要評估政策的潛在影響。

我認為，在經濟不景氣時期，政府應該採取更加靈活的政策。一方面，增加適度的借貸和支出，透過貨幣供給的擴張來刺激經濟；另一方面，也要適度調整稅率，防止債務負擔過重。透過這種平衡的方式，既可以促進經濟復甦，又可以控制財政赤字，最終實現經濟的長期健康發展。

同時，在計算政府帳目時，也要採取與企業相同的方法，將資本性支出視為投資而非費用。這樣能夠更好地反映政府財政的實際狀況，避免出現徒增赤字的情況。

總之，在艱難的經濟時期，政府必須權衡利弊，採取靈活的政策組合，既要控制債務，又要促進經濟復甦。只有這樣，才能夠引導經濟走向長期的平衡與繁榮。

［挺過艱難歲月的路途］

過往的榮景已然湮滅，取而代之的是一片蕭條和低靡。1929 年至 1932 年間，美國經濟大蕭條對整個國家和國民帶來了極大的災難。

從資料上看，這一時期內，眾多經濟指標都呈現持續下滑的趨勢。工業生產從 1929 年 6 月到 1932 年 1 月，下滑了近 45%。建築業更是急遽衰退，領先於工業生產的下滑。利率的波動也反應了這一時期的劇烈變化。再貼現率的上漲太晚，無法阻止炙手可熱的投機行為；而下降也來得太

新發明與過度負債—世界經濟大蕭條的趨因

遲,影響了借款的還款行為。

更令人難以承受的是,在物價大幅下跌的情況下,實際債務反而增加了。各類債務的名義金額或有所減少,但實際負擔卻因美元升值而更加沉重。即使是大批破產和失去抵押品贖回權而導致的債務清償,實際債務負擔也依然居高不下。

可以說,正是這種實際債務負擔的增加,成為 1929 ～ 1932 年經濟大蕭條的關鍵因素。雖然美國經濟整體遭受沉重打擊,但只要能度過這個艱難時期,透過各方努力,定能重建商業繁榮,恢復國家的活力。

面對 1929 年至 1932 年間的世界經濟大蕭條,漢森教授對其根源有著深入的分析。正如知名經濟學家熊彼得所指出,1930 年不僅處於長週期(康德拉季耶夫)的下降期,同時也位於中週期(朱格拉)的下降階段,甚至部分時間(可能是下半年)還跌入了短週期(珀森斯和米切爾)的谷底。這三種週期的交織重疊,是造成此次蕭條如此嚴重的主要原因所在。

除此之外,其他因素也不容忽視。南美地區的革命動盪、中日戰爭的爆發,以及希特勒在德國的一些舉措,既是導致大蕭條的原因,又是其所造成的結果。漢森教授將此次蕭條的根源歸因於通貨緊縮、國內資本流動以及關稅等因素。毫無疑問,過度負債和通貨緊縮在其中扮演了至關重要且決定性的角色。

我們不敢斷言這是史上最嚴重的經濟蕭條,因為任何一次重大經濟衰退都可能被當時的人們視為「最嚴重」的。事實上,在西元 1819 年、1837 年、1857 年、1873 年和 1893 年,人們也曾出現過類似的評價。例如,據維克多·克拉克教授的報告,在西元 1816 ～ 1819 年的費城,主要從事棉毛相關行業的 30 個領先製造部門,其僱傭人數減少了超過 75%。

大蕭條的多重週期累積、政治動盪、通貨緊縮、負債過度等因素，交織形成了這次前所未有的經濟危機。我們必須從多角度深入剖析其根源，以此借鑑應對未來可能出現的類似經濟劇烈波動。

［世界經濟大蕭條的根源與啟示］

正如漢森教授所言，1930 年並非單單一個長週期下降的開始，而是三種不同週期（長週期、中週期、短週期）在 1930～1931 年間相互交織，從而造就了這次經濟大蕭條的嚴重程度。當前流傳的主要解釋還包括了過度負債、通貨緊縮、貿易壁壘等因素。然而，我們仍不能確定此次蕭條是否史上最嚴重，因為歷史上類似的嚴重經濟危機屢有發生。

就美國而言，1928 年和 1929 年夏季即出現了一些不利徵兆，如建築活動下滑、生產貿易就業下降、物價走低等，但卻普遍被忽視。直到 1929 年 10 月，紐約股票市場的崩盤才真正引起人們的重視和警覺。究其原因，主要在於經紀人貸款及其基礎的保證金帳戶，這種金字塔式的高度不穩定結構，極易在外部推動下陷入暴跌。

因此，我們不得不重視經濟金融領域的分析與預警，避免類似的危機重演。同時，經濟蕭條也往往與政治社會動盪相伴而生，僅從單一視角來解釋是不夠的。只有從多角度、全方位地認識這次大蕭條的根源，我們才能汲取深刻的歷史經驗，避免未來再次陷入類似困境。

這次英國股票市場的崩盤，揭示了金融市場的脆弱性和人性弱點。克拉倫斯‧海特里不顧風險的擴張策略，最終導致他的金融帝國土崩瓦解。這種企圖靠虛假資訊維持帝國的做法，固然為他帶來了暫時的繁榮，但最

新發明與過度負債—世界經濟大蕭條的趨因

終還是被曝光,遭致慘重的代價。

這一事件也反映出,當時英國和美國股票市場的密切關聯。英國股市的問題透過持有美國股票的英國投資者賣出,迅速傳播到了紐約證券交易所,引發了全面的恐慌拋售。英格蘭銀行為了吸引資金而提高利率的行動,也加劇了這一連鎖反應。可見兩國金融市場的連繫日益緊密,一國市場的波動很容易向他國蔓延。

面對此次大崩盤,投資者失去了鉅額資產,其中不乏一生的積蓄。這突顯了投機過度和投資缺乏理性的危險性。過度追捧牛市,往往會在暴跌中付出沉重的代價。同時,部分人趁機以低價買入,但也未能倖免於難,同樣被市場吞噬。這突出了金融市場的不確定性和投資風險的重要性。

總之,這次崩盤給予我們深刻的啟示。一方面,金融市場的風險隨時存在,誇張的投機行為必將遭到嚴厲的懲罰。另一方面,金融市場的全球化趨勢使得單一國家的問題也可能引發連鎖反應,各國需要加強協調合作,維護金融市場的穩定。只有真正理解市場規律,投資者才能在未來的金融風暴中倖存下來。

[1929 年大蕭條的啟示]

1929 年股市崩盤的餘震並未就此停歇。在數週內,230 億美元的市值化為烏有,股價下跌了 42%。這僅僅是恐慌的結束,並非股票市場下跌行情的終結。接下來,伴隨著每一次的廉價清償,物價水準都會進一步下滑。商品市場和製造業也出現嚴重的過度生產情況,加劇了經濟的惡性循環。

歐洲經濟也深受其害，遭遇了政治上的相互猜忌和關稅壁壘的困擾。美國施加的經濟政策，包括要求償還債務和實施緊縮政策，更加劇了歐洲的困境。在這次全球大蕭條中，美國和歐洲的命運緊緊相連，任何一方的利益受損都會影響到另一方。

這次經濟災難的根源不僅在於本地因素，還來自於全球性的過度生產和金融失衡。這種惡性循環非常難以自我糾正，政府和各方需要通力合作，採取有效措施才能擺脫經濟陷阱，重建經濟繁榮。我們必須吸取1929年大蕭條的教訓，警惕經濟和金融失衡所帶來的潛在風險，以預防未來類似的災難再次發生。

遵循著政府債務就如同在雜貨鋪欠下的債務這樣的信條，我們從經濟上加重了歐洲存在的缺陷。我們在豎起關稅壁壘的同時要求歐洲償還債務。此外，英國在1922年透過回收國庫券和英格蘭銀行券，開始實施其災難性的通貨緊縮政策，準備按照戰前英鎊所代表的黃金重量重新採用金本位制（1925年）。結果，其物價水準被壓制，工業被削弱，失業率上升。由於英國在世界貿易和金融領域中有著重要的地位，因此其物價水準的下降極大地加重了其他國家（包括一些歐洲國家和非歐洲國家）物價水準下降的程度。

這一系列政策舉措對全球經濟造成了重大的負面影響。過度生產的問題開始蔓延至多個行業，尤其是小麥、玉米、棉花、石油、銅、鐵等基本商品領域。汽車、無線電和奢侈品行業也受到了沉重打擊。在這個惡性循環中，無論是商業銀行的清償行為還是物價水準的下降，都互相刺激，令問題愈演愈烈。

更讓人擔憂的是，股票市場的崩盤正在迫使整個債務體系進入清償的軌道。這種充滿絕望的高債務水準，使得經濟體系的自我糾正變得異常困

新發明與過度負債—世界經濟大蕭條的趨因

難。所有這些問題的根源,似乎都可以追溯到英國決定重新採用戰前的金本位制,以及隨後的一連串經濟政策。在這場持續惡化的全球經濟危機中,我們急需尋找新的出路,重塑更加健康、可持續的經濟秩序。

[崩盤後的商品市場變遷]

股票市場的崩盤無疑會對商品市場造成重大影響。首先,許多原本同時涉足股票與商品市場的投資者,為了保住他們的股票頭寸,會選擇拋售手中的商品。這種大量拋售的行為,勢必會推動商品價格的下滑。

其次,普通消費者也會感到深深的恐慌,減少他們的消費支出。這種行為會直接影響商品的需求,導致商品價格進一步下跌。換句話說,這也意味著貨幣的流通速度會明顯下降。

我們已經看到,股票市場的崩盤立即反映在商業銀行的活期存款上。雖然活期存款與銀行貸款的數量並非完全相等,但大多數活期存款都建立在銀行貸款的基礎之上。除了一些短暫時期,這兩者的變動趨勢通常是一致的。

緊隨股市崩盤而來的是,某些類別的活期存款會有小幅成長,但所有類別的活期存款流通速度都會下降。這種情況不單單發生在以經紀人存款為主的地區,其他地區的存款流通速度也會受到影響。

1929 年 10 月之後,作為大多數活期存款基礎的商業銀行貸款開始被逐步清償。這種貸款減少的原因,可能是由於此前物價水準的累計下跌,也可能是由於買家突然不足或預期不足所造成的。這些包括經紀人貸款在內的商業銀行貸款在 1929 年 10 月達到了高峰,其後就一直處於不斷清償

的狀態。而這個清償過程勢必伴隨著部分存款貨幣的減少。

1930年上半年，活期存款和商業銀行貸款共同下降，但定期存款卻出現了成長，同期的儲蓄存款更是大幅成長。然而到了1931年年中之後，即使是定期存款也因為人們囤積現金而開始下降。可見，股市崩盤引發的連鎖反應，正在深深地影響著整個商品市場的運作。

在1929年10月到1932年2月的短短兩年多時間裡，我們看到了貨幣數量和流通速度的驚人變化。聯邦儲備銀行會員銀行的存款貨幣從187.26億美元銳減到147.89億美元，下跌幅度高達21%。同時，貨幣流通速度也下降了61%，由此1932年維持價格和經濟活動水準所需的存款貨幣效率僅為1929年的31%。這是一個令人畏懼的數字。

當然，貨幣的其他指標如「流通中的貨幣」也受到了相當大的影響。但是由於缺乏詳細的統計資料，我們無法全面了解其具體變化情況。「流通中的貨幣」這一概念本身就存在一些欺騙性，因為其中總有一部分貨幣被人囤積起來，並未真正流入流通。據研究，每年約有26億美元的貨幣被這樣囤積起來。

這樣一來，由於恐慌導致流通速度放緩，加上清償導致貨幣數量減少，使得物價水準急遽下滑。這為商業債務人帶來了龐大壓力，從而引發了更多清償行為，而這又進一步推動了物價的下降。如此惡性循環，形成一個螺旋式下滑的過程，越滑越快。

這是一個極其嚴峻的貨幣危機。諷刺的是，這種危機的根源，恰恰在於人們為應對恐慌而做出的本能反應。所以說，貨幣危機的本質，不僅僅是經濟資料的變化，更是人性本身的困境。我們必須警醒，才能避免再次陷入如此深淵。

新發明與過度負債—世界經濟大蕭條的誘因

[經濟大蕭條中的貿易與利潤]

貿易元素在1929年夏季開始出現了下滑態勢。1930年的初步資料顯示，企業的利潤率已經降至1921年的水準。1931年第四季度，163家工業及雜類公司（在1925～1929年間利潤增幅達75%）共計虧損100萬美元。各行業企業的淨利潤情況大多不太理想。

就在1930年股市崩盤前，胡佛總統召集了一些商界和銀行界的領袖。福特先生認為股災是由於商業蕭條，建議不要降低物價而是提高薪資水準。胡佛則提議政府應鼓勵公共及私人建設。1930年初，股市略有回暖，對前景的樂觀預期也開始增多。商品價格短暫反彈後又隨即跌回原位，除了1930年第三季度有些橫盤外，一直處於下跌通道。其他一些要素如股市、存款流轉、生產和薪資總額也有所好轉，唯就業情況除外。

儘管各級政府都作出了努力，但經濟局勢向好的跡象很快就結束了，並出現了加速下滑的態勢，很可能是人們對於希望落空的反應所致。就在1931年之前，經濟好轉的預期非常普遍，但不會太確定。直到1931年1月，股市、存款、生產和薪資等要素才又出現短期好轉，主要得益於貸款增加和百貨公司銷售的提升，但就業仍未有起色。

惡性循環隨之開始加速。1930年美國頒布的斯姆特－霍利關稅法招致其他國家的強烈反彈。1930年底紐約一家小銀行倒閉，引發歐洲人對美國聯儲的擔憂。1931年3月，瀕臨破產的德奧兩國試圖建立關稅同盟，但遭到法義等國的政治反對。5月，奧地利最大銀行「安斯塔特」倒閉，波及德國和英國。種種不利因素使得經濟持續惡化，難以扭轉頹勢。

1931年6月，奧地利銀行樞紐的暴風雨席捲全球，德國更是雪上加

霜。面對擠兌風潮，各國銀行紛紛採取應急措施，儘管獲得暫時的喘息空間，但長期根本解決之道依舊未見。7月，德國一大型銀行突然倒閉，在波及法國銀行後，引發了英國銀行的危機。國際銀行家委員會提出的建議未獲實行，反而無從有效紓解德國的債務問題。

隨後9月，英國最終宣布脫離金本位，並有23國跟隨。此舉激起了全球外匯交易所的恐慌性拋售，美國亦遭到大規模黃金外流，引發各界對美元的信任危機。

一連串的銀行倒閉和股市暴跌，已然顯示世界金融體系岌岌可危。這一場席捲全球的金融風暴，正是1929年股災後，各國政府和銀行難以遏制的經濟危機。各國經濟的命運已然緊密相連，若要走出困境，勢必須尋求全球性的合作與協調，方能找到長期可行的解決之道。

經濟艱難時期下的精心設計

儘管歐洲對美國的突襲並沒有造成真正的災難，但金融系統動盪引發了美國民眾的恐慌。銀行存款大量被提領，導致金融機構陷入流動性危機。為應對這一局勢，美國政府制定了一系列救濟計畫。

首先，胡佛總統提議成立國家信用公司，動員銀行業共同為中小銀行提供援助。同時，他還提出成立房屋抵押貸款公司，以刺激住房建設，為經濟注入活力。這些措施都展現了政府尋求緩解經濟壓力的決心。

然而，在制定救濟計畫的過程中，政府不可避免地出現了一些謹慎過度的問題。胡佛總統企圖透過預算平衡來化解危機，但忽略了在不同時期，政府預算的要求存在差異。在經濟蕭條時期，強制節約和增稅反而會

新發明與過度負債—世界經濟大蕭條的趨因

拉低物價水準,進而加重困境。

儘管如此,10月分股市出現了一次短暫反彈,也重燃了人們的一線希望。拉瓦爾總理的到訪更是為美國經濟復甦注入了新的動力。可以看出,政府雖然在細節上存在一些失誤,但整體上還是著眼於全局,採取了一系列旨在緩解民眾痛苦、促進經濟復甦的措施。

我們必須明白,在此艱難時期,政府救濟計畫的制定並非易事。它需要權衡各方利益,兼顧短期應急和長期發展。儘管偶有疏失,但只要政府堅持以人民利益為重,就一定能逐步化解經濟危機,引領國家走向復甦。

在經濟發展歷程中,政府的財政政策扮演著關鍵的角色。平衡預算的目標是為了預防政府過度舉債,從而避免公共債務的累積。然而,這一政策所帶來的通貨緊縮,實際上會增加每一單位債務的負擔,反而使真實的債務水準上升。

不論是通貨膨脹還是通貨緊縮,都會影響到政策效果。一般來說,徵稅通常會帶來緊縮,而借債則會導致膨脹。在歷史上,我們可以找到許多證據來證明這一規律。在第一次世界大戰期間,儘管當時處於通貨膨脹階段,政府仍然選擇了大量舉債的政策;而在1932年的通貨緊縮時期,政府卻採取了緊縮性的徵稅政策,這些都在客觀上加重了債務的實際負擔。

事實上,在經濟不景氣時期,政府本應該透過擴張性的借債政策來刺激經濟,從而提高物價水準,進而降低實際債務負擔。這不僅有利於企業和個人的納稅能力,也能為政府帶來更多的稅收。相反,在繁榮時期,政府應該採取財政緊縮的措施,如提高稅率、節省開銷、停止借債等。

「平衡預算」的理念確實具有很強的吸引力,但如果執行不當,反而會成為沉重的心理負擔。此外,如果政府在核算自己的帳目時,採用企業

計算所得稅時的方法，實際上也能夠避免赤字的出現。

整體而言，政府在制定財政政策時，必須充分考慮經濟週期的變化，靈活運用各種措施，既要維護財政的長期健康，又要促進經濟的平穩發展。只有這樣，才能真正實現財政政策的最佳目標。

［貨幣價值的變遷及其對債務影響的啟示］

經濟大蕭條時期，美國國內債務總額發生了重大變化。雖然在1929年到1932年間，有大量的債務清償活動，但由於美元實際價值的快速上升，導致即使名義上有所減少，但實際債務負擔卻反而增加了。

從1929年到1932年3月，由於物價水準大幅下降，美元的實際價值從1929年升至1.53美元（按1929年購買力計算），到1932年6月第三週達到了1.62美元。這意味著，到1932年完成的全部清償行為結束後，剩餘未償還債務所造成的負擔，比1929年清償行為開始前更加沉重。

具體資料如下：1929年時的債務總額為2,342.5億美元，到1932年雖然減少了370億美元（名義上減少15.7%），但實際負擔卻增加了29%。即使扣除在1929年後仍有名義上增加的債務，其餘1,875億美元債務中，432.5億美元得到了清償（名義上減少23%），但實際負擔卻增加了17%。

可見，儘管有大量的債務清償行為，但由於美元實際價值的極大上升，使得即使名義上減少，實際債務負擔反而增加了。這可以說是1929～1932年經濟大蕭條的決定性因素之一。

稅率與利率的不調配也加劇了問題。一方面，再貼現率上漲太晚，無

法限制投機行為;另一方面,下降太晚,亦無法制止借款的急於清償。實質利率與名目利率存在很大偏離,使得借款對名目利率非常不敏感。

透過上述分析可見,貨幣價值的劇烈變動,對於債務的實際負擔影響極為重大,是造成經濟大蕭條加劇的關鍵所在。未來我們在面對經濟危機時,必須高度重視貨幣政策與整體經濟發展的緊密連繫,以避免類似悲劇重演。

治標治本之道
── 重塑貨幣的穩定性

治標治本之道—重塑貨幣的穩定性

繁榮與蕭條的循環，根源在於一個變動的度量單位——貨幣。當貨幣的實際價值出現劇烈波動，導致物價、數量、分配等各方面出現嚴重混亂，企業和個人的利潤都會受到擠壓，最終陷入蕭條。

對此，單純的救濟措施，如擴大政府公共工程，固然能夠暫時吸納一部分閒置勞動力，但卻無法真正解決問題的根源。要從根本上挽救經濟，就需要著眼於貨幣改革，重建一個穩定的度量單位。

首先，政府需要明確貨幣的定位，使其成為一個中性的工具，而不是一個易受各種因素影響而波動的「事物」。同時，需要建立一個能夠維護貨幣價值穩定的機制，如將貨幣價值與某些重要商品或大宗商品指數掛鉤，透過調控貨幣供給量來穩定物價水準。

此外，還要重視治本措施，如強化金融監管，避免過度投機和泡沫的形成；完善產業結構，提高經濟的抗風險能力；建立社會安全網，減少因經濟波動帶來的痛苦。唯有在貨幣和經濟體系上實現根本性改革，才能真正解決蕭條循環的問題，為經濟長期穩定發展奠定基礎。

[經濟蕭條下的實驗與抉擇]

在 1932 年的大蕭條時期，當我們面臨著全國性的失業危機時，社會各界紛紛提出了不同的應對措施。在印第安納州的蓋瑞，當地政府和各界組織合作，為失業人群提供了一個特殊的解決方案——開墾沼澤地並自行種植糧食。這不僅為數以萬計的家庭提供了必需的食品，也給他們一個自食其力的機會。與此同時，大企業也開始嘗試從自身出發，尋找減少裁員的辦法。異常顯著的是，奇異公司提出了一項「保險計畫」，嘗試在蕭

條時期維持現有的工業職位。

然而，單純依靠社會救助和企業自救是否足以扭轉局勢？美國眾議員大衛·J·劉易斯提出了更深入的思考：雖然社會沒有義務賦予每個人一種謀生方式，但對那些願意工作的人來說，總應該有一個工作的機會。這無疑是一個美好的理想，但實現它需要建立在貨幣資產不再大幅蒸發，以及允許更多效率化措施的前提之上。

究竟應當採取何種方式來應對經濟蕭條？單一的方案恐怕難以奏效。我們需要從多個角度探索：提高企業效率，如減少武器裝備開銷、降低關稅障礙；創新應對措施，如發展新技術、促進資產重組；同時也要關注普通勞工的權益，維護他們的工作機會。總之，這需要政府、企業和民眾的共同努力，透過切實可行的實驗與嘗試，找到一條走出經濟困境的道路。只有這樣，我們才能在蕭條中找到曙光，在危機中尋得新的發展機遇。

處理過度負債問題需要多方共同努力。首先，我們要遏制導致過度負債的因素。可以考慮撤銷一些不必要的、容易引發投機行為的政策，例如資本利得稅。對於那些與銀行有關聯的投機機構，也可以透過法律來約束其過於誇張的宣傳行為，避免混淆客戶。同時，銀行應該收緊對股票市場抵押品的熱情，並進一步貫徹根據資產負債表來發放貸款的做法。

此外，我們還應該完善中期中等規模貸款的機制，為中小企業提供更多便利。現有的續簽短期貸款合約的做法，在緊急情況下容易造成銀行違約或貸款凍結的不利局面。相比之下，企業更傾向發行優先股融資，因為股東不會強制企業還款，這可以提高債務靈活性。我們也可以對現有債券作一些微調，增加可償還選擇權或設定永久性質，使其更容易被償還。

同時，銀行之間應加強合作，為個人和銀行間債務清償提供更寬鬆條

治標治本之道－重塑貨幣的穩定性

件，創辦分行可以增強銀行之間的相互支援。在經濟蕭條時期，可以適度放寬強制性清算的法律限制，以緩解個體清償行為帶來的衝擊。此外，採取類似英國的每兩週一次清算制度，也有助於避免過於頻繁的集體清償行為。

整體而言，我們需要善用現有的各種制度機制，從多方面著手，來管理和控制債務問題的惡化，確保經濟保持穩定和健康發展。

[美元的實際價值與大蕭條時期的債務重整]

在 1932 年的大蕭條時期，人們對於債務管理和重整提出了一系列建議和方案。賓州的物業業主協會發表公報，呼籲抵押人和受押人在困難時期要精誠合作，同時應該根據租金情況適當降低利息。印第安納州的一項更為激進的方案，提出了利息和本金的削減，以及到期後續簽的措施。

從更宏觀的角度來看，1932 年的國際債務狀況可能會與物價水準的管制相類似。雖然通常情況下，大規模的債務管控並不容易實現，但大蕭條時期卻是一個特例。當時大部分的債務都是政府間的，在一定程度上得到了重新調整，如透過補償辦法和其他清算方式。

如果能夠將廣泛的債務免除與其他救濟措施有效協調，將會提高全球的物價水準。這反過來又可以減輕美國的債務負擔，並間接減輕美國人的稅收負擔。相反，堅持全額償付只會加重通貨緊縮的程度，使實際稅收負擔更重。

在這方面，1932 年 7 月簽訂的《洛桑協定》可以說是最重要的經濟救濟措施之一。德國的債務從 1,320 億馬克削減到了 30 億馬克，約合 7.14

億美元。然而,即使是這樣大規模的緩解措施,也不是徹底的解決方案,更無法預防債務問題的發生。

我們需要更完備的債務統計資料,以及對於什麼是債務過多的標準有更清楚的認識。這是一個基本需求,必須在適當時候得到滿足。貨幣的實際價值波動,必然會導致各種交易的混亂,比純粹的供給問題更為嚴重和影響廣泛。因此,我們需要同時關注治標和治本的措施,才能更好地應對大蕭條時期的債務危機。

離我家不遠處是一家很大的軍火企業的工廠。在第一次世界大戰初期,這家企業與許多國家簽訂了鉅額合約,為它們提供軍火。儘管價格令人難以置信地高昂,但合約卻將價格固定了下來。然而,當生產機器剛剛啟動時,通貨膨脹(1914～1919年)就開始了。通脹迅速推高原材料和勞動力成本,而企業的收入卻被合約固定了下來,其利潤因此一再被榨取。

戰後,這家企業決定將多餘的設備用於生產五金裝備,並在全國設立了銷售網點。然而,當它剛剛將成本控制在一個基本水準時,又遭遇了1920～1921年的通貨緊縮。這迫使其產品價格大幅下降,利潤再次受到擠壓。到了1929～1932年的大蕭條,這家企業才剛剛開始恢復,卻又遭受了新一輪打擊。

經歷了幾次重大的起起伏伏,這家企業終於走向了生命的盡頭。其所有者們非常困惑,以為是商業混亂所致。然而,真正的罪魁禍首其實是貨幣政策。通貨膨脹和緊縮造成了利潤的劇烈波動,這對企業經營造成了不可預測的重大挑戰。

要救治這種病症,根本之道在於貨幣改革,而非短期的「急救」措施。政府增加就業和提供慈善救濟都只能治標不治本。只有從根本上解決

治標治本之道－重塑貨幣的穩定性

貨幣問題，企業經營才能獲得穩定的基礎。這家企業的悲慘命運，無疑為我們敲響了警鐘。

［重建美國工業活力的道路］

面對1930年代的經濟大蕭條，政府和企業迫切需要尋找解決失業問題的新思路。在這段艱難的時期，印第安納州的蓋瑞市率先推出了一項創新的應急計畫，幫助失業者自行種植所需的糧食。同時，各行業也開始推出一些旨在維持就業的計畫，如奇異公司的「斯沃普計畫」。

然而，這些措施在根本上都無法解決蕭條的根源。眾議員大衛·J·劉易斯指出，即使這個世界沒有義務為每個人提供謀生之道，但對於願意工作的人來說，也應該有機會找到工作。這的確是一個美好的理想，但前提是社會不再允許貨幣價值的大幅波動，不再讓確保就業機會的利潤輕易蒸發。

在提高效率方面，政府和企業採取了一系列權宜之計，如放鬆反托拉斯法限制、削減武器裝備支出、降低關稅等。這些舉措確實能在一定程度上提高生產效率，降低成本。但這些只是治標不治本的權宜之計，美元價值的大幅上漲才是造成蕭條的根本原因之一。

要從根本上重建美國的工業活力，政府和企業必須進一步深化對經濟運作規律的理解，在維護就業、促進消費、控制物價等方面採取更有針對性的政策措施，推動經濟更加健康穩定地發展。只有這樣，才能真正為蕭條時期的失業者們提供可持續的就業保障。

面對日益嚴重的債務問題，我們必須採取多管齊下的策略來遏制債務

負擔的不斷上升，並最終化解這一危機。首先，我們需要收緊一些容易導致過度借貸的政策，如資本利得稅等刺激投機行為的政策。同時，我們要嚴格規範那些從事過度投機的銀行附屬機構，禁止他們發表容易讓客戶混淆的內容。

另一方面，銀行應該降低對股票市場抵押品的過度追逐，並堅持根據資產負債表來進行貸款審批，而不是過度依賴收益表。同時，我們還應該提供更多便利管道來滿足中小企業的中期貸款需求，避免依賴短期續貸的不健康做法。

此外，企業融資結構也需要調整，應當轉向更多發行優先股，少發行債券，因為債權人會強迫企業進行強制清償，而股東則不會。我們還需要對現有的債券制度進行改革，引入更靈活的安排，如債券可以無限延期，或者含有5年後贖回的選擇權。這樣可以更好地應對經濟波動，避免債務危機的爆發。

總之，透過嚴格管控引發過度負債的因素，最佳化企業融資結構，並改革債券制度，我們必將築牢防線，遏制債務危機的惡化，為經濟持續健康發展奠定基礎。

［提升經濟靈活性的策略］

在經濟蕭條時期，提高債務清償的靈活性至關重要。銀行間應該加強合作，為個人和銀行間的債務提供更寬鬆的清償條件。例如，可以考慮增設分行網絡，使銀行間能夠相互支援、緩解擠兌壓力。此外，破產管理制度也應更加開放，允許更彈性地延遲還款或避免清償。

治標治本之道－重塑貨幣的穩定性

　　同時，政府也可酌情放寬一些規定，避免在下跌行情下強制性拋售證券，以免加重市場恐慌。如果可以限制每兩週才進行一次清償，而非每天都可以，也有助於穩定市場。

　　值得關注的是，在經濟蕭條時期，由於貨幣貶值，企業的利潤和個人的淨資產都將遭受萎縮。為了避免此種情況，我們可以採取同步調整支出和負債的措施。這樣，實際薪資和債務水準都能保持相對穩定，不會出現工人和債權人的「意外收益」。雖然可能需要短期降薪，但這對於整個經濟來說都是更公平合理的做法。

　　總之，提高經濟靈活性的關鍵在於銀行、企業和政府的通力合作。透過完善制度安排，協調各方利益，我們就能更好地應對經濟波動，促進經濟長期健康發展。

　　在1932年的大蕭條時期，債務問題和貨幣緊縮成為全球經濟景氣低迷的中心議題。一方面，抵押品贖回權的取消引發了物業價值的下跌，對許多物業業主造成沉重負擔。另一方面，政府間的龐大債務也迫切需要透過重新調整來獲得緩解。

　　賓州物業業主協會在1932年發表了一份公報，呼籲抵押人和受押人在困難時期要精誠合作，並建議利息應隨著租金下降而相應調整。這個建議旨在緩解抵押品所有人的負擔，並維護整個房地產市場的價值穩定。與此同時，印第安納州的蓋瑞也提出了一項更為激進的方案，即對到期貸款合約進行本金和利息的雙重削減，以顯著降低債務人的還款壓力。

　　針對國際間的政府債務問題，1932年的情況也有一些值得關注的特點。由於大部分都是國家之間的互相債務，因此在一定程度上進行了重新調整和清償。如果能夠將大規模甚至全部免除債務與其他的救濟措施有效

配合,將有助於提高全球物價水準,間接減輕美國人的債務負擔和稅收負擔。相比之下,堅持全額償還反而會加劇通貨緊縮,使人們以貨幣實際價值計算的稅收負擔雪上加霜。

因此,在1932年的經濟危機背景下,採取適度的債務重組和救濟計畫,既可以緩解債務人的還款困難,又可以為經濟復甦創造更好的條件。這不僅有利於穩定房地產市場,也有助於緩解政府間債務的緊張局勢,為全球經濟的長遠發展奠定基礎。

美元價值的標準化與貨幣政策之道

在過去的經濟危機中,各國政府採取了諸多經濟救濟措施,如德國與債權國簽訂的《洛桑協定》。儘管這些措施大幅削減了德國的債務負擔,但並未從根本上解決問題,僅能提供短期緩解。要從根本上預防債務危機的發生,我們需要更完備的債務統計資料,以及明確界定何謂「債務過多」的標準。

即使缺乏完善的債務資料,我們仍可透過對貨幣政策和物價水準的直接干預來預防債務問題的發生。債務危機通常源於通貨膨脹,而通貨膨脹又會加劇債務問題的惡化,形成惡性循環。因此,若能及時控制住通貨膨脹,就能從根源上預防債務危機。

我們可以借鑑美國憲法第1條第8款第5項的授權,賦予國會鑄造貨幣和調節其價值的權力。透過建立一個既能衡量美元重量,又能反映其購買力的指數系統,使美元真正成為一種價值標準,而非單純的重量標準。只要我們願意,這是完全可行的。

治標治本之道－重塑貨幣的穩定性

對於貨幣政策的具體實施，我們必須密切關注物價水準和股市走勢，一有通貨膨脹跡象，即應果斷採取貨幣緊縮措施。即使在物價未出現明顯上漲的情況下，股市泡沫的存在也可視為通貨膨脹的先兆，同樣需要進行干預。只有持續關注各類指標，及時應對，才能真正杜絕債務危機的發生，確保經濟的長期健康發展。

交易方程式告訴我們，物價水準乘以交易量等於流通中貨幣乘以其流通速度。這意味著，控制物價水準的關鍵在於調節貨幣數量，使其與交易量的變化保持同步。

雖然交易量的變化較為自然，受供需法則主導，但貨幣數量則受人為控制的影響較大。因此，我們的問題就在於如何透過調節貨幣數量和流通速度，使物價水準保持相對穩定。

有學者提出一個計畫，就是密切監測過去10年的交易量成長情況，並據此調節貨幣供應量。例如，若交易量過去10年平均成長3%，那麼貨幣供應量每年也應成長3%，以滿足商業需求。

這種根據交易量變化調節貨幣數量的做法，實際上就是為了維持貨幣價值的穩定。如果我們以物價水準或貨幣購買力作為參考標準，調節過程會更加精確。

商人自然會希望貨幣數量能隨交易量需求而變化，但穩定貨幣價值才是調節的真正目標。只有透過協調貨幣數量與交易量的長期變化，才能維護物價水準的基本穩定。這是貨幣政策制定的關鍵所在。

［修正物價水準，實現公平共存］

在特殊的經濟時期，物價的劇烈波動會對借貸雙方產生不公平的影響。為了維護雙方的利益，我們必須審慎地調整物價水準，以求達到合理的均衡。

首先，我們要對物價水準的變動和其對不同時間點的借貸者的影響進行全面分析。1929 年至 1932 年間，物價逐步下降，為不同時期的借款和放款人帶來了不同程度的損益。如果單純將價格拉回到 1929 年的水準，則 2032 年的債權人將遭受損失；相反，若只是部分拉回，1929 年的債務人就會吃虧。

因此，我們必須在兩種極端方案之間尋求一個相對公平的折中方案。最合理的做法是，將物價水準拉回到 1930 年的平均水準。這樣既可以基本公平地對待 1930 年的債權人和債務人，又能將對 1929 年和 1932 年借貸者造成的不利影響降至最低。

當然，我們必須謹慎地掌握適度的通貨再膨脹程度。具體來說，我們應該將物價水準拉回到足以抵消借貸雙方損益的程度，但不應過度。過度的通脹會帶來其他經濟問題，損害整體利益。

總之，在特殊時期應對物價波動，我們要審慎平衡各方利益，透過適度的通貨再膨脹來修正價格，實現公平共存。只有這樣，才能維護經濟秩序，保護廣大民眾的切身利益。

要實現經濟的長期健康發展，價格修正的目的不僅是為了提升利潤，更重要的是恢復經濟活力，重新吸納失業勞動力。透過對貨幣數量和流通速度的調控，找到最適合全社會共同利益的物價水準，讓經濟能夠穩定持續運轉。

治標治本之道－重塑貨幣的穩定性

要實現這一目標，首要任務是對存款貨幣進行管控。存款貨幣占國內貨幣總量的 90%，對於打造健全的貨幣體系非常關鍵。透過調整利率，可以間接控制存款貨幣的數量。利率下降可增加人們的借貸意願，反之亦然。這一機制就如同一個水櫃，利率的調控就如同開關水龍頭，可以調節水量的多少。

但是，現實中人們往往對利率的波動抱有牴觸情緒，這需要透過教育消除。理想狀態是，任何可信賴的借款者都能以合理的利率獲得貸款，任何放款者也能以適當的利率發放貸款。

為此，聯邦儲備系統在利率調控中發揮核心作用。該系統包括聯邦儲備委員會和 12 家區域性聯邦儲備銀行。聯儲委員會透過向區域銀行提供再貸款服務，間接影響整個國家的存款貨幣量。這種中央銀行對貨幣數量的調控，已在一定程度上發揮了作用，但仍須不斷完善。

只有找到最有利於全社會福祉的物價水準，經濟才能健康穩定地運轉下去，失業人員也能重新就業。這需要政府、企業和民眾共同的努力，共同維護經濟的平衡發展。

［貨幣政策的精細調控］

儲備銀行擁有多種工具來調控存款貨幣的數量，其中最主要的有兩種：再貼現率和公開市場操作。

再貼現率的調整雖然對存款貨幣變化有較大反應，但卻相對較慢。相比之下，儲備銀行還掌握著一個反應更快的輔助工具，那就是公開市場操作。

透過公開市場操作，儲備銀行可以直接影響會員銀行在其手中的準備

金。根據法律，每家會員銀行都需要持有一定比例的客戶存款作為準備金，比例各不相同。這些準備金餘額既受再貼現率的影響，也受公開市場操作中購買或出售債券的影響。

儲備銀行可以透過向會員銀行購買債券，增加它們在儲備銀行的存款餘額，從而提高它們的準備金額度。反之，則可以透過將債券賣給會員銀行來降低它們的準備金額。這樣一來，儲備銀行能夠對會員銀行的貸款能力施加強大的影響。

當然，針對公開市場操作的標的資產，也有一些爭議和限制。理論上任何商品都可以，但實際操作中很難找到合適的標的。債券因其相對穩定性而受到更多青睞，但還是有人質疑這樣做會對債券市場造成干擾。

無論如何，透過再貼現率和公開市場操作，儲備銀行都能夠對美國的存款貨幣數量進行強而有力的調控。而這種調控措施必須與物價水準形成聯動，以防止物價出現過快的上漲或下跌，從而影響實質利率水準，產生負面效應。

貨幣政策是一個複雜而微妙的平衡。當物價水準波動太大時，說明再貼現和公開市場操作的實施還不夠及時。這需要聯邦儲備系統更加靈活地調控準備金要求，來及時調整信貸和貨幣供應。

利率是物價水準的決定因素，但名目利率也可以反過來影響物價。關鍵是這些政策工具的發揮要足夠及時。準備金自動調控機制應當更加靈活，有時需要暫時放鬆準備金要求，透過行政方式而不是繁瑣的立法程序來實現。

一位聯儲專家提出了一個巧妙的方案，根據各銀行存款的活躍程度來動態調整其準備金要求。活躍度越高，準備金要求越多，反之則更少。這樣不僅適用於不同地區，也適用於同一地區的不同時段。當經濟環境變化，導致

治標治本之道－重塑貨幣的穩定性

貨幣流通速度超出極限時，這種準備金自調機制就能及時發揮作用。

同時，為配合公開市場操作，聯邦儲備法還規定了儲備銀行的準備金要求。它們必須將存款的 35% 以黃金和法定貨幣形式存作準備金。這種機制能確保存款貨幣的數量能達到初始準備金的 30 倍。儲備銀行還可從聯儲獲得聯邦儲備券，並提供 100% 的抵押擔保。這種靈活的貨幣供給調控，讓聯儲能夠及時應對各種經濟狀況的變化。

[統一金融體系的重要性]

承上所述，職能衝突導致聯邦儲備系統難以保持其政策目標的平衡和一致。為解決這一問題，有學者提出了一項建議，就是授予聯邦儲備委員會更多調控權力，使其能夠根據貸款級別適時調整會員銀行準備金率。這不僅有助於抑制信貸泡沫，也可以增強整個銀行體系的穩定性。

然而，真正根本的解決之道在於建立一個統一、協調的金融體系。在此之前，美國銀行業一直處於混亂狀態：任何人都可自稱為銀行家，而單一銀行的一次擠兌就可能造成致命打擊。相比之下，在英國、法國等先進國家，銀行體系要更加穩固，透過中央銀行或分行制度保持緊密合作。結果是，在 1929～1932 年的大蕭條中，這些國家銀行業基本上風雨無損，而美國卻有 2,550 家銀行相繼倒閉。

可見，一個統一高效的金融體系對於維護整體金融市場的穩定和健康發展至關重要。這不僅能避免職能衝突帶來的負面影響，更可以讓銀行之間形成互幫互助的機制，共同抵禦系統性風險。在未來的改革中，我們應當努力建構這樣一個統一、高效的金融格局，以確保整個經濟金融體系的

穩定運作。

聯邦儲備系統內部的信貸政策確實對所有銀行產生一定程度的影響，但光靠統一的信貸政策是不夠的。這些執行信貸政策的銀行機構也須提升應對破產的能力。大部分的小型州銀行可以透過分行制度而進入聯邦儲備系統。為此，政府可以採取某些措施，讓那些未加入聯邦儲備系統的州銀行感受到自身處於劣勢地位，如對其結算支票的服務費徵收。就像西元1865年聯邦政府透過對州銀行發行的銀行券徵稅，迫使許多州銀行轉為全國性銀行一樣，如今政府也正嘗試對非會員銀行的存款貨幣徵稅。

但政府在調控整體經濟和物價水準時，時常會與協調商業利益產生矛盾。無論是對貨幣單位的調控或反調控，都不應該完全交由聯邦儲備銀行及強大的銀行家們自行決定。一些學者指出，既然存款屬於貨幣，那麼州銀行所創造的貨幣就違反了聯邦憲法，政府遲早會公開宣布。

法律應該讓物價水準的合理性徹底脫離不可靠和偶然的控制，而是受到可靠、科學、公開的標準指導。政府在制定貨幣政策時，必須在統一信貸政策、強化銀行體系應急能力，以及確保物價水準合理性等多方面下工夫，以維護整個經濟金融體系的穩定與健康發展。

［美元的隱藏力量，貨幣政策的雙重面貌］

政府一直致力於支持法定貨幣，但事實上，存款的作用往往超過了法定貨幣本身。這不僅對美元這個基本度量單位帶來了強大的破壞力，同時也讓政府不得不正視自己對於國家存款所負有的責任。為了更好地履行這一職責，政府提出了一項新的政策計畫。

治標治本之道－重塑貨幣的穩定性

首先，政府將成立一個穩定委員會（Stabilization Commission）。一旦出現經濟蕭條，委員會將代表政府向銀行銷售大量的財政短期債券，分配比例與各銀行現有的存款水準成正比。相應地，銀行需要拿出部分定期存款作為購買債券的款項。政府支付的利息與銀行支付的利息將會互相抵消，這樣可以讓銀行在不增加額外速動負債的情況下獲得一筆速動資產。

這些債券可以被銀行出售或抵押給儲備銀行，從而獲得更多的放貸保證金。平均來說，1美元的抵押債券可以帶來10美元的貨幣發放。即使銀行選擇保留債券作為應急基金，這也會增強銀行的頭寸，提高其放貸的自由度。

蕭條過後，這一政策可以根據通貨膨脹或通貨緊縮的趨勢來逆向操作，限制或鼓勵貸款，從而發揮調控作用。換句話說，政府正試圖利用存款的「隱藏力量」，來更好地管控貨幣政策，維護美元作為基本度量單位的地位。

這項創新的政策無疑反映了政府對貨幣體系的深入思考。它不僅試圖在宏觀層面上穩定經濟，還力圖從微觀角度最佳化貨幣的運作機制。只有充分認識存款的影響力，才能更精準地調控貨幣供給，維護美元的長期價值。

政府可以迅速提供大量債券來擴大存款貨幣。這種方法在小範圍內已經獲得不錯的效果，但由於信貸與黃金的關係，黃金控制存在一定局限性。黃金作為儲備的重要性在於貨幣基礎較小時尤為突出。通常美國貨幣基礎中黃金僅占10%，因此調節黃金數量是維持貨幣總量適應需求的關鍵。

維持經濟穩定的三大策略如下：

1. 安全邊際計畫：保留一定量的富餘黃金，根據物價水準需求適當調節，用以擴大或收縮信貸。一旦富餘黃金用盡，信貸擴張就會受限。可以用白銀等其他金屬補充黃金儲備。
2. 生產控制計畫：成立國際委員會，統籌全球黃金開採情況，根據整體貨幣需求調節黃金生產。在供給不足時，委員會可直接購買採礦設備支援新產地開採。但該計畫亦存在局限，無法獲得充足黃金時將失效。
3. 美元補償計畫：在缺乏國際控制的情況下，各國可採用金元重量調整的補償方案。當黃金購買力下降時提高金元重量，購買力上升時降低重量，以維持貨幣價值穩定。

透過以上三種措施，可以在有限的黃金儲備基礎上，靈活調控信貸、生產，維持經濟的整體穩定。這對於當前貨幣體系的可持續發展至關重要。

［新貨幣的實施與影響］

採用這一「美元補償」計畫將主要依賴於信貸控制，只在其他方式效果不顯著時才會對金元重量進行調整，相隔很長時間才會採用一次。這一計畫的優點在於任何一個國家都可以單獨實施，不會受到其他國家的制約。不過，金元重量的每一次變動都會引起美元匯率的相應變動，這可能會帶來一些小問題。

相比之下，萊費爾特計畫則必然會對所有國家產生影響，因為沒有一個國家可以在不必控制其他所有金本位制國家的物價水準的情況下來實施這一計畫。但由於全球的經濟穩定是人們最渴望實現的目標，所有的計畫

治標治本之道－重塑貨幣的穩定性

都應該包含國際合作。人們已經意識到了這一點，因此召開關於物價水準問題的國際會議的呼聲也已經出現。

如果採納這一計畫，現行流通的金幣將被停止流通，取而代之的是金券。只有金券會在市場上流通，而且以這些金券表示的金元價格會不時地變動，但在買入價格與賣出價格之間會存在一個很小的價差。否則，當價格的變動被宣布時，投機者便可能會從政府那裡以今天的價格買進，而以明天的價格再賣出去，或者以今天的價格賣出，而以明天的價格買入，從而以犧牲政府的利益為代價獲得利潤。同時，一些私人合約中的黃金條款也不會對這一計畫構成挑戰，因為政府可以透過對執行這些條款的行為徵稅的方式而從實際意義上將這些條款廢除。

整體而言，新的貨幣體系將帶來諸多改變和影響，需要政府和各界通力合作，不斷地調整和最佳化，才能最終實現全球經濟的穩定。

貨幣流通速度對經濟發展至關重要。我們觀察到，在 1929～1932 年的大蕭條期間，存款貨幣數量下降了 21%，但同期存款貨幣的流通速度卻下降了 61%。這顯示，當物價水準上升時，如何降低貨幣流通速度成為問題的關鍵所在。

主要有以下幾種方式可以降低貨幣流通速度：

其一，減少貨幣數量。因為人們無法花費根本沒有的東西，所以減少貨幣供給有助於降低物價，進而降低貨幣流通速度。

其二，鼓勵儲蓄累積。在經濟低迷的情況下，人們傾向將手頭的貨幣儲存起來，這樣使新增貨幣供給難以進入實際流通。因此，政府應採取措施鼓勵大眾放棄囤積貨幣的做法。

其三，恢復大眾對銀行的信心。銀行能夠將重拾流通的存款貨幣透過

信用貨幣形式放大利用，更有助於降低流通速度。因此，任何能夠恢復大眾對銀行信心的舉措都是可取的，比如政府擔保銀行存款等。

總而言之，在經濟蕭條時期，如何調控貨幣的流通速度是一項關鍵課題。減少貨幣數量、鼓勵儲蓄、恢復銀行信譽等措施，都可能對此產生積極影響。政府當局應該謹慎施策，引導大眾預期，為經濟復甦奠定基礎。

[控制經濟波動的關鍵]

在經濟蕭條時期，刺激借款者和買家是關鍵。政府可以提供一些補貼來造成負利率，降低借款成本。但企業往往需要確定有了買家後才願意借款，而買家也需要看到企業恢復正常借款條件時才會有信心購買。為了打破這種循環，一種名為「印花美元」的計畫被提出。這種計畫對囤積行為徵收印花稅，可以有效控制囤積行為，並指出讓經濟走出蕭條的最快途徑。

除此之外，控制信貸、黃金以及貨幣流通速度也是重要的方式。在一般情況下，透過公開市場操作進行信貸控制，再輔以對黃金的控制等方式即可。而對貨幣流通速度的控制則應該盡量避免，只在情勢非常緊急時才考慮。

另外，債務病通常會導致貨幣病，但二者之間存在惡性循環。在繁榮時期，整體過度負債通常源於物價水準上行，而物價水準的上行又會刺激生產商過度借貸膨脹業務。因此，我們可以透過對貨幣病或物價水準病採取直接應對措施，來預防債務病的出現。

整體而言，控制經濟波動的關鍵在於合理運用信貸控制、黃金控制、

治標治本之道―重塑貨幣的穩定性

囤積行為管制等方法,並防範債務病與貨幣病之間的惡性循環。只有這樣,才能讓經濟在蕭條中盡快走出困境,走上復甦之路。

新的發明或發現並不必然會導致負債水準的上升,關鍵在於是否能夠及時控制信貸膨脹,抑制資產價格過度上漲的誘惑。即使在商品價格水準未出現明顯通貨膨脹的情況下,我們也可以關注股票市場,作為判斷通貨膨脹風險的指標。若通貨膨脹未被觀察到或被忽視,實行通貨緊縮方式就變得尤為重要,以防止後續不良後果的發生。

美國憲法賦予國會權力,可以鑄造貨幣並調整其價值,同時制定度量衡標準。除美元外,其他度量單位早已實現了標準化,易於固定和保護。然而,在指數科學出現之前,對美元的定義仍然僅限於能夠衡量其所含貴金屬重量,而不能完全反映其購買力。如今,只要我們願意,就可以讓美元真正成為一種購買力標準,透過一個簡單的等式,將物價水準(即美元購買力的倒數)作為一個因子納入其中。

總之,貨幣政策的制定需要在經濟發展與通貨膨脹風險之間謹慎平衡。新的發明或發現不能成為放任信貸膨脹的藉口,必須及時採取適當的措施,保持物價水準的相對穩定,維護美元作為購買力標準的地位。只有這樣,我們才能真正實現經濟的持續健康發展。

[美元購買力的標準化之路]

美元作為一種貨幣,它的價值和購買力一直是一個關鍵問題。僅僅是新的發明或發現並不能完全決定整體的負債水準,關鍵在於物價水準是否能夠及時抑制由信貸膨脹而非發明或發現所帶來的利潤誘惑。如果物價水

美元購買力的標準化之路

準連發明或發現本身的誘惑都無法抵抗,那麼就必須及時對信貸膨脹進行控制。

即使在商品價格水準無法反映通貨膨脹的情況下,股票市場也可以作為一個指示器。如果通貨膨脹沒有被觀察到或被人們忽視了,那麼為了防止出現後續的嚴重後果,實行通貨緊縮就變得更加重要。

美元作為一種度量標準,其早已獲得了標準化。其屬性使它很容易被確定和保持穩定。但是在指數科學出現之前,美元其實只是一種重量標準,而不是真正的購買力標準。

現在我們已經擁有了指數這一工具,我們就可以讓美元真正成為一種購買力標準。只需要透過一個簡單的等式,將物價水準(美元購買力的倒數)作為一個因子,就可以實現美元購買力的標準化。這不僅可以更好地反映美元的真實價值,也能為貨幣政策的制定提供更可靠的參考依據。

透過對美元購買力的標準化,我們就能更好地掌握貨幣的走向,避免由於信貸膨脹而導致的負債水準過高的問題。這是一條漫長而又艱辛的路,但只要我們堅持不懈,定能最終實現美元真正成為一種穩定的購買力標準。

貨幣政策是影響物價水準的一個重要因素。根據交易方程式($PT = MV$)的基本原理,物價水準(P)取決於貨幣數量(M)、交易量(T)和貨幣流通速度(V)。

當交易量和流通速度變動較小時,調節貨幣數量就成為控制物價水準的關鍵。如果貨幣數量持續增加,但交易量和流通速度沒有同步提升,就會導致物價水準上升,即通脹。相反,如果貨幣數量收縮,交易量和流通速度也沒有同步下降,就會導致物價水準下降,即通縮。

治標治本之道－重塑貨幣的穩定性

　　因此，貨幣當局需要密切監測交易量的變化趨勢，並據此適當調節貨幣供應量，使其與交易需求相對應，從而維持價格的相對穩定。如果將物價水準或貨幣購買力作為參考標準，這樣的調節將更為精確。

　　當然，控制貨幣供給並非唯一的方法。交易量本身也會受到其他經濟因素的影響，如國內生產、消費需求等。這些要素的變動也會間接影響物價水準。因此，貨幣政策需要與其他經濟政策協調配合，才能更好地實現物價穩定的目標。

　　整體而言，透過適度調節貨幣數量，配合對交易量和流通速度的監測，並與其他政策措施相配合，這是維護物價水準穩定的一個有效途徑。只有在此基礎上，才能真正實現經濟的持續健康發展。

[貨幣政策微調的必要性]

　　在討論如何有效控制貨幣供給量時，我們不能過於單純地依賴交易方程式。因為現實情況往往比這種理論模型更為複雜多變。我們很難完全確定交易量（T）和交易速度（V）的比率是否真的保持穩定不變，甚至是漸進變化。因此單純依靠「貨幣數量論」來調控貨幣供給可能會存在一定局限性。

　　我們不妨換個角度來思考這個問題。即使承認除了貨幣和信貸之外的其他因素也會影響物價水準，但這並不意味著貨幣政策的調整就是徒勞無功。就像駕船時雖然除了操舵外還受風浪影響，但適當調整舵角仍可有效控制航向。同理，適當調節信貸以跟上交易量變化，也同樣能夠在一定程度上維持物價穩定。

著名經濟學家卡爾‧斯奈德博士、萊昂內爾‧D‧伊迪博士和詹姆斯‧哈維‧羅傑斯教授就曾提出一個相關設想。他們建議，可以密切監控過去 10 年的交易量成長情況，並以此作為指引，使貨幣供應量的年成長率與交易量需求保持一致。這無疑對商家而言是一種強大誘惑，因為他們更希望看到穩定的物價水準和貨幣價值。

　　但事實上，這種隨交易量需求而調節貨幣供給的方式，本質上也是在維護貨幣價值的穩定。如果我們以物價水準或貨幣購買力為參考標準，適時調整貨幣供給量，或許能更準確地達成這一目標。因此，在制定貨幣政策時，有必要超越單一的理論框架，更多地結合實際情況來進行微調。只有如此，才能更好地實現貨幣穩定的目標。

　　在面臨物價水準大幅變動的情況下，如何在借款者和放款者之間尋求公平合理的解決方案，是一個需要仔細斟酌的問題。

　　首先，我們必須了解到，借款者和放款者並非一個單一的群體，他們處於不同的時期、面臨不同的境遇。1929 年至 1932 年間物價水準的下降，對於 1929 年時欠下債務的借款者和債權人，與 1932 年時欠下債務的借款者和債權人，其所受影響是不一樣的。如果我們將物價水準拉回到 1929 年的水準，1932 年的債權人將遭受損失；相反，如果不徹底將物價水準拉回，1929 年的借款將處於不利地位。

　　我們必須在上述兩個群體之間尋求平衡。一個可行的方式是，將物價水準逐步拉回到一個最能恢復經濟活力的水準，在找到足以吸納失業勞動力的時點停下來。這樣既能緩解借款者的負擔，又不會對債權人造成過大損失。同時，這個最終達到的物價水準也應該成為全社會共同的福祉，並予以穩定保護。

治標治本之道—重塑貨幣的穩定性

在具體操作中，我們可以利用貨幣政策工具，透過調整再貼現率等方式，控制貨幣數量（M），進而影響借貸行為，達到目標物價水準。對於貨幣流通速度（V）的調控，由於涉及更多心理因素，相對來說較為棘手，需要更謹慎的處理。

總之，在物價水準劇烈變動的環境下，尋求借款者和債權人之間的公平平衡，是一個需要全面權衡的複雜問題。只有以更大的視野和智慧，才能找到恰當的通貨再膨脹幅度，並確保物價水準的長期穩定。

[利率靈活調控的必要性]

利率的靈活調控是經濟發展中最重要的一環，這需要消除人們對利率波動的牴觸情緒。即使在利率比較靈活的地區，利率的彈性也不夠充分。理想情況下，任何可信賴的借款都應該能夠以適當的利率獲得貸款，任何放款者也可在適當的利率水準上發放貸款。

聯邦儲備系統是實現利率調控的核心機制。其中，聯邦儲備委員會位於華盛頓，擔任中央銀行的職能；12家區域性聯邦儲備銀行則向其所在地區的會員銀行提供再貼現服務。會員銀行向客戶收取的利息主要源於它們預期向儲備銀行支付的再貼現率。因此，聯邦儲備銀行透過再貼現率在相當程度上調控了全國存款貨幣的數量。

同時，聯邦儲備系統還有另一個更快速的調控工具，即「公開市場操作」。它能夠直接影響每家會員銀行的準備金比率。一家會員銀行在儲備銀行的存款餘額不僅受再貼現率影響，還受它向儲備銀行出售證券的數量影響。因此，12家儲備銀行可以透過從會員銀行購買或出售債券來調控它

們的準備金餘額,從而間接影響貸款規模。

總之,建立靈活有效的利率調控機制,是推動經濟改革的重要一環。聯邦儲備系統無疑在這方面扮演著關鍵角色,透過各種方式來及時調控貨幣供給,維護經濟的良性運作。

存款貨幣的變化固然會對再貼現率產生影響,但這個過程相對較為緩慢。與此同時,聯邦儲備系統還掌握著一個更快速有效的輔助調控工具——公開市場操作。

各會員銀行都必須在聯邦儲備銀行保留一定比例的準備金,這個比例根據銀行所處地區的不同而有所區別,一般為活期存款的 7%～13%。銀行在聯邦儲備銀行的存款餘額,不僅受再貼現率的影響,還受到與聯邦儲備銀行之間的債券買賣交易所產生的變化影響。

也就是說,如果聯邦儲備銀行從會員銀行購買債券,會員銀行的存款餘額就會增加,反之則會減少。一旦會員銀行欠聯儲債務,其超額準備金就會用於還款,從而失去進一步增加貸款的能力。而當債務還清後,其存款餘額的任何增加,都將轉化為未來向公眾發放貸款的基礎。

透過這種公開市場操作,聯儲既可以提高會員銀行的準備金比率,增強其貸款能力,又可以降低準備金比率,限制其貸款擴張。這兩個輔助方法,與再貼現率調控形成了系統結合,共同構成了聯儲調控貨幣供給的雙軌運作機制。

治標治本之道—重塑貨幣的穩定性

［利率調控的挑戰與平衡］

公開市場操作是聯儲實現貨幣政策的重要工具，透過買賣政府債券和商業票據來調節貨幣供應量，進而影響利率水準和物價。儘管此舉可以有效發揮作用，但也引發了一些爭議和挑戰。

首先，將債券作為唯一的標的物，可能會對債券市場造成干擾，引發市場參與者的不滿。理論上，其他商品如白銀、小麥、棉花等也可以成為操作標的，但這會帶來其他問題，如價格與其他商品脫節，易損壞商品也不太適合。因此，儘管聲音存在，債券仍然是最為合適的標的。

此外，即使聚焦在債券市場，調控舉措也需要與物價水準形成良性互動。如果物價快速上漲或下降，實質利率會出現極端偏離，削弱貨幣政策的有效性。因此，聯儲必須審慎平衡，確保利率調整能夠適時遏制通脹或緊縮，維持物價的相對穩定。

整體而言，儘管公開市場操作是個行之有效的政策工具，但在實施過程中仍須面對一些棘手的挑戰。聯儲需要在維護金融市場穩定、調控貨幣供給以及穩定物價之間尋求適當平衡，以發揮貨幣政策的最大效用。這需要決策層精準判斷和靈活操作，也需要與市場各方良性互動，共同推進貨幣政策目標的實現。

貨幣的流通速度和銀行的信貸創造能力是影響物價水準的關鍵因素。當物價水準出現劇烈波動時，再貼現和公開市場操作這兩種貨幣政策方式的實施時機就十分重要。聯儲會的職員溫菲爾德·瑞夫勒提出了一種靈活的準備金要求計畫，根據貨幣的周轉速度動態調整銀行的準備金比率，以此來調節信貸的供給，從而影響物價水準。

這一計畫的優點在於，它不僅可以適用於不同地區之間，也可以用於同一地區的不同時期。當經濟活躍時，貨幣流通速度較快，計畫會要求銀行保留較高的準備金比率，從而抑制過度放貸，防止通貨膨脹；而當經濟出現蕭條，貨幣流通放緩時，計畫則會適當降低準備金要求，鼓勵銀行放貸，刺激經濟成長。透過這種自動調整機制，可以確保貨幣供給與物價水準之間的動態平衡。

此外，聯儲會還根據法律規定，要求各儲備銀行至少持有等同於其會員銀行存款總額35%的準備金。這樣一來，即使每家會員銀行向客戶發放10倍於其在儲備銀行存款數額的貸款，存款貨幣的最終數量也最多只能達到儲備銀行初始準備金數量的30倍。這種準備金要求為公開市場操作提供了制度基礎，使聯儲會能夠更好地調控貨幣供給，進而影響利率和物價水準的變動。

整體而言，靈活運用再貼現和公開市場操作，結合具有動態調整機制的準備金要求，可以幫助聯儲會及時應對物價水準的劇烈波動，維持利率和物價水準之間的均衡。這不僅有利於貨幣政策的有效實施，也有利於經濟的健康發展。

［貨幣發行的控制機制］

儲備銀行除了擔任貸款機構的角色，還肩負著貨幣發行的重要職能。它們可以從聯邦儲備委員會獲得一定額度的聯邦儲備銀行券，成為貨幣的實際發行者。這項交易中，政府理論上是銀行券的發行者和擔保方。儲備銀行從政府獲得銀行券後，會將其投放入流通，同時也要向政府和鈔票持

治標治本之道—重塑貨幣的穩定性

有者負責其贖回。

為了確保銀行券的合法性和可靠性，儲備銀行必須在發行前，在聯邦儲備代理人那裡存入100%的抵押品。這些抵押品包括再貼現的商業票據、黃金以及政府債券。同時，在開始發行銀行券時，儲備銀行還需要在自身或聯邦儲備代理人的金庫中，存入相當於所發行鈔票面值40%的黃金。這意味著這種方式使用的黃金僅能支撐2.5倍於自身數額的聯邦儲備銀行券。

從整體上看，黃金或法定貨幣可以支撐大約30倍於自身價值的存款貨幣，而支撐聯邦儲備銀行券的倍數則為2.5倍。這樣的機制確保了貨幣發行的合理性和安全性。

此外，《聯邦儲備法》還賦予了儲備銀行在緊急情況下適當降低準備金率的權力，以及設立專門機構監管和執行相關政策的權力。這些制度性安排使得貨幣發行控制更加有效和靈活。

聯邦儲備系統自成立以來，肩負著維護物價穩定和金融市場穩定的重責大任。透過執行多樣化的職能，它既可以對商品價格水準造成保護作用，也可以對股票物價水準產生穩定效應。但這些職能之間難免存在相互衝突的可能。

為了防止職能間的干擾，紐約市標準統計公司的總裁盧瑟‧布雷克先生提出了一個值得考慮的建議。他主張，只要聯儲判斷經紀人貸款出現過度擴張的徵兆，就應當對此設定特殊限制。具體做法是，要求會員銀行按照貸款等級分別提高準備金率，並隨時根據實際情況調整。這樣既能遏制貸款過度擴張，又能維護銀行體系的整體穩定。

我們必須了解到，在統一的銀行體系尚未建立之前，美國銀行業曾陷

入過一片混亂。在聯儲成立前，銀行業鶴立雞群、彼此獨立，很容易引發銀行擠兌危機。即使在聯儲成立後，銀行系統內部的協調連繫也仍存在問題。事實上，直到今天，美國也還存在著許多自稱銀行家的非專業人士，他們經營得好壞全看運氣，不但危及自己，也可能為整個銀行體系帶來不確定性。

相比之下，在英國、法國等先進國家，中央銀行或銀行分行制的協調機制使得銀行可以相互支持度過難關。結果是，在上世紀 30 年代的大蕭條期間，這些國家銀行基本無恙，而美國卻有 2,550 家銀行相繼停止支付。

可見，維護金融體系穩定需要系統性的改革和協調機制。布雷克先生提出的建議或許是一個不錯的起點，值得我們進一步深入探討。只有透過職能的平衡和體系的完善，聯邦儲備系統才能真正發揮其應有的作用。

［貨幣政策與金融穩定，聯邦儲備系統的角色］

聯邦儲備系統內部雖然健全，但信貸政策仍然影響著各銀行。要達成真正的金融穩定，單純的統一信貸政策是不夠的。執行這些政策的銀行機構，也需要提高自身的破產應對能力。

小型州銀行可以透過銀行分行制加入聯邦儲備系統，政府可採取一些措施迫使那些未加入的州銀行感受到自身地位的劣勢，例如對其支票結算徵收服務費。這種措施曾在 19 世紀促使許多州銀行轉型為全國性銀行。目前政府也在嘗試對非會員銀行的存款貨幣徵稅。

政府有責任協調商業利益與維護整體物價水準的行動，這有時會產生

治標治本之道－重塑貨幣的穩定性

衝突。對於這一關鍵性的貨幣功能，不應該完全交由私人性質的儲備銀行或銀行家們自行決定。有學者指出，州銀行製造的存款貨幣實質上已違反憲法。

因此，政府應進一步加強對貨幣發行的管控，制定可靠的標準和政策。比如建立一個「穩定委員會」，在蕭條時期主動向銀行出售短期債券，以增強其速動資產，間接提高放貸能力，緩解通貨緊縮壓力。如果出現通貨膨脹，也可逆向操作。

總之，建立一個科學、透明的貨幣政策框架，並給予政府更大的管控權，是維護金融穩定的關鍵所在。只有這樣，才能真正實現對商業和國民生活的有效協調。

這種信貸控制的機制確實能夠迅速發揮作用。政府可以在短時間內提供 100 億美元的債券，擴大存款貨幣。唯一可能會造成一些延遲的地方，就是銀行需要與客戶就額外貸款進行協商。這種方法已經在較小範圍內悄悄實踐，並獲得不錯成效。

對黃金實施控制的確存在一定局限性，因為黃金作為一種儲備資產，其重要性在於規模的大小和穩定性。簡而言之，儘管黃金只是流通貨幣體系的一小部分，但它卻發揮著關鍵的作用。在美國，作為貨幣基礎的黃金通常只占貨幣總量的 10% 左右。因此，調節黃金數量是實現貨幣總量適應商業和物價水準需求的首要前提，因為黃金支撐著其他貨幣，包括信貸。

調節富餘黃金數量的主要方法有三：第一是保持一個安全邊際，即將超出必需最低數量的富餘黃金凍結或「絕育」，根據物價水準的變化適當使用或增加這部分凍結的黃金，從而來擴大或收縮信貸，實現經濟穩定。只要有這筆富餘黃金，這樣的調控計畫就能一直運作下去。但一旦富餘黃

金耗盡，法規就會限制信貸的進一步膨脹。

第二種方法是，直接將黃金從帳號中轉移至信託基金，作為價值穩定的儲備資產，從而為政府提供調節貨幣數量的方法。在需要擴張信貸時，可以將這些黃金轉回正常帳號，增加貨幣基礎；在需要收縮信貸時，則將多餘的黃金再次轉入信託基金。

第三種方法是國際合作。各國可以相互協調，將本國的黃金儲備注資到一個國際儲備基金中，共同管理和調配，以發揮黃金在調節全球經濟中的作用。這種國際合作可以讓個別國家在黃金儲備上的限制得以緩解，增強對全球經濟穩定的影響力。

整體而言，透過對富餘黃金的有效調控，我們可以實現對貨幣供給的調節，從而維護經濟的整體穩定。這需要政府和銀行系統的密切配合，以及一定程度的國際合作。只有做到這些，黃金作為貨幣基礎的重要性才能真正發揮出來。

[控制貨幣基礎 —— 維護經濟穩定的方案]

為了確保貨幣基礎的充足供應，我們可以考慮以白銀或其他金屬作為黃金的補充。已故的萊費爾特教授提出了一個有趣的計畫——成立一個由美國、英國等主要國家組成的國際聯合組織，負責監管全球黃金的生產與分配。

該組織將設立行政和科技部門，收集各地貨幣和物價的統計資料，並根據全球貨幣需求的狀況，來調控黃金的生產。在緊急情況下，它甚至可以關閉一些產能較弱的金礦，並支付補償。同時，它也會積極開發新的金

治標治本之道－重塑貨幣的穩定性

礦,以確保黃金供應的充足。

不過,此計畫也有其局限性－當無法獲得充足黃金供應時,它就會失效。此時,我們可以考慮採用「美元補償」計畫。它的核心思想是,如果黃金購買力下降,就提高金元的重量;反之則降低重量。這樣,流通中的金幣會被停止使用,取而代之的是金券,其價格隨時變動。

「美元補償」計畫的優點是任何一個國家都可獨立實行,不需要國際協調。但它也有缺點,就是金元重量的變動會引起匯率的波動。

無論採取哪種方案,國際合作都是關鍵。隨著各國意識到維護全球經濟穩定的重要性,相關的國際會議正在呼籲召開。我們期待各國共同努力,為貨幣體系的長期穩定找到可行的解決之道。

貨幣的流通速度是一個值得深入探討的重要指標。當貨幣的流通速度失常時,它通常與貨幣數量失常的方向一致。我們可以從1929年至1932年的大蕭條期間為例。在這段時期,會員銀行的存款貨幣數量下降了21%,而存款貨幣的流通速度也下降了61%。這顯示,當經濟出現蕭條時,人們會對未來產生憂慮,傾向於減少花費,將貨幣囤積起來。

為了應對這一情況,我們需要在貨幣數量上做文章。適度減少貨幣供給,可以促使部分多餘的貨幣退出流通,從而使物價水準下降。同時,這也能降低貨幣的流通速度。但這種單純依靠縮減貨幣數量的做法,在經濟蕭條、物價下降的情況下可能並不奏效。

原因在於,人們會將所擁有的貨幣儲蓄起來,以應對經濟的不確定性。即使政府透過擴大信貸等方式增加貨幣供給,也可能會因為引發大眾對於脫離金本位的擔憂而產生反效果,導致更多貨幣被囤積起來,無法進入流通。

因此，僅僅增加貨幣數量是不夠的，政府還需要對大眾的心理施加一些直接影響，以提高貨幣的流通速度。政府需要採取一些明智的措施，向大眾展現其高明之處，消除大眾的擔憂，促使他們放棄囤積貨幣的行為。這樣，透過既增加貨幣數量又提高貨幣流通速度的綜合措施，才能有效地推動物價的上漲，從而帶動經濟走出蕭條的泥淖。

［建立信心，快速恢復經濟］

貨幣供給量和流通速度都是影響經濟復甦的關鍵因素。在經濟蕭條時期，即使增加貨幣供給量也可能無法有效提高物價水準和刺激消費，因為人們普遍缺乏對經濟前景的信心，傾向於囤積現金而非投入消費。因此，單純靠增加貨幣供給很難奏效，還需要針對消費者心理採取一些直接的舉措，來消除他們的擔憂情緒，提高貨幣流通速度。

政府在經濟危機時期有責任採取各種政策，來恢復大眾對銀行和信用貨幣的信心。一個有效的政策是由政府或央行擔保銀行存款，讓大眾安心把被囤積的現金重新存入銀行。這不僅可以增加銀行的準備金，還能刺激信用貨幣的擴張，有利於推動物價和消費的回升。此外，政府也可以透過向銀行購買債券等方式，直接注入流動性和支持信用貨幣供應。

整體而言，在應對經濟危機時，政府和央行不能單單依賴增加貨幣供給，還需要採取一些能夠直接影響大眾心理和銀行信心的政策措施。只有恢復了對經濟前景和銀行的信心，才能促使被囤積的資金重新流入消費和投資，從而帶動整個經濟的快速復甦。

對於目前銀行面臨的信任危機，我認為若能重新獲得那些被囤積的貨

治標治本之道－重塑貨幣的穩定性

幣並恢復人們對銀行的信心,那將是最佳的解決之道。銀行作為信用貨幣的發行者,比任何其他機構都更能發揮這些貨幣的作用。因此,任何能夠恢復並支撐大眾對銀行信心的措施都應受到重視。

其中,政府擔保存款是一個非常值得推廣的方案。若大眾的存款能得到政府的擔保並令存款人放心,那些被囤積的資金就會逐漸流回銀行,從而有助於維繫信用貨幣。在美國,類似的政府擔保方案已經試行過,但由於擔保範圍不夠全面,未能充分提振大眾信心,效果並不理想。相比之下,在許多國家,政府擔保政策已經獲得了良好成效。

我認為政府是最適合擔任銀行擔保人的角色。因為在經濟危機時期,銀行自身也會恐慌,此時只有強大的政府才能應對這種局面。1930～1931年,加拿大政府便為幾家提供農產品貸款的銀行提供了擔保,這一做法透過政府命令的形式予以制度化。我建議,政府可以進一步擴大聯邦儲備系統的規模,並以儲存政府債券的方式直接支持銀行的信用貨幣發行。除此之外,實在難以找到更好的方法來消除銀行和借款心中的疑慮和猶豫。

只有透過政府的信用擔保,才能真正重拾大眾對銀行的信心,促使被囤積的資金重新流動,維繫住整個信用貨幣體系的穩定運轉。這不僅有利於經濟的復甦,也有助於銀行本身的健康發展。我相信只要我們堅定地推行這一政策,銀行就一定能重新贏得大眾的信任。

[貨幣穩定的覓路]

近兩個世紀以來,全球各國正朝著建立一個完善且有保障的貨幣單位的目標不懈努力。然而,從獲得一項新知識到將之普遍接受,往往需要經

歷一段時間的遲滯。即使貨幣穩定對社會繁榮至關重要,人們對此的探究興致也往往不如探究天文真理那般強烈。

正如畢達哥拉斯後 2,100 年,哥白尼後 100 年,伽利略仍然不敢向世人宣揚地球是圓的一樣,即使人們早已見慣其他事物的真相,但陳舊的觀念仍會阻礙新知識的接受。類似地,大約 30 年前,人們仍普遍認為讓外界新鮮空氣進入室內會加重肺結核患者的病情,直到逐步接受空氣療法的良效,這種認知才得以改變。

相較之下,貨幣穩定的實際意義雖然介於天文真理和肺結核知識之間,但其重要性不言而喻。貨幣的不穩定是引發貧窮以及相關疾病的一個主要原因,因此控制和維護貨幣穩定理應成為全球各國的共同目標。

事實上,為此,已經有先驅者提出一些建議,如西元 1824 年,約翰·魯克建議調控黃金價格以抵消農場工人薪資的變動。這些嘗試雖然未能立即被普遍接受,但卻為後世探索貨幣穩定的道路奠定了基礎。

我們再次看到,從新知的誕生到其被廣泛認同,總會歷經一段時間的艱難曲折。不過,只要我們持之以恆地為之努力,相信終有一天,這項關乎社會繁榮的重要目標定能得到全人類的共同認同與實現。

自西元 1879 年以來,著名天文學家西蒙·紐康在《北美評論》上發表的〈價值的標準〉一文,就一直推崇著所謂的「美元補償」計畫。這一思想隨後引起了一些著名經濟學家的關注和響應。

瑞典經濟學家努特·維克塞爾於西元 1888 年提出了一個詳細的調控貼現率的計畫,希望藉此穩定貨幣。英國傑出的經濟學家阿爾弗雷德·馬歇爾也在西元 1887 年對穩定貨幣的計畫進行了論述,其中有一些觀點與日後公開市場政策的理念不謀而合。

治標治本之道－重塑貨幣的穩定性

西元 1898 年，博物學家阿爾弗雷德·羅素·華萊士則建議採用一種「有管理的貨幣」作為實現貨幣穩定的方式。在此之前，一些著名經濟學家如卡爾·門格爾、查爾斯·紀德、E·班傑明·安德魯斯等人，也早已洞見了凱因斯教授目前所推崇的相關理念。

時至今日，雖然具體實施方式仍未達成共識，但穩定世界貨幣單位的必要性已經得到了一些知名經濟學家和商界人士的廣泛認同。在英國，有喬賽亞·斯坦普爵士、雷金納德·麥克納、達伯農子爵等人；在德國有舒爾茨-加維尼茨教授；在瑞典有古斯塔夫·卡塞爾教授；在挪威有朗納·弗里施；在美國有甘末爾教授、約翰·康芒斯教授等。

1919 年，美國政府成立了穩定貨幣聯盟，這就是今天穩定貨幣協會的前身。可以預見，未來實現全球性的貨幣穩定將會是一個艱難但必要的歷史程序，需要各界的共同努力。作為新世紀經濟發展的基石，穩定的貨幣單位勢必成為我們追求的重要目標。

[經濟大重構：尋求貨幣與物價水準的穩定]

戰爭期間，經濟學家和政策制定者們意識到了將理論應用於實踐的必要性。1922 年在熱那亞舉行的會議上，來自 35 個國家的代表們通過了一項決議，其中明確指出「歐洲經濟重建的一個最為基本的先決條件就是，每個國家都能實現其貨幣價值的穩定」。

隨後，一些國家紛紛採取了穩定貨幣價值的措施。瑞典中央銀行憑藉一種新的指數，成功地為瑞典實施了明確的穩定政策。英國雖然被迫退出金本位制，但透過貨幣調控，其物價水準隨即出現上漲，這被視為是一種

好的做法。有些人甚至預言，除非黃金也能受到調控和管制，否則英國不太可能再回到金本位制。

在許多人看來，當物價達到一種能夠帶來充足利潤的水準，或者失業人口降至 100 萬人以下時，建立一個物價水準穩定系統，似乎是英國的意圖。1931 年，麥克米蘭委員會的報告也主張，英國的首要目標應該是將物價水準在現有基礎上提高一個較大的幅度，然後將其保持在這一水準之上，且具有可控的穩定性。

不僅如此，1932 年 5 月，美國眾議院貨幣制度及度量衡委員會的一個下屬委員會，建議總統召開一次國際貨幣會議，探討提高並穩定商品價格水準的問題。此後，英國首相也向美國徵詢了相關意見，並得到了積極的回應。最終，在國際聯盟的牽線下，一次涵蓋物價水準等國際經濟問題的會議正式召開。

可以看出，在戰後的動盪時期，穩定貨幣和物價水準成為各國經濟政策的重中之重。經濟學家和政策制定者們紛紛採取行動，努力推動國際合作，以期實現這一目標。這一時期可謂是經濟大重構的關鍵時刻。

美國的立法運動《聯邦儲備法》一直在不斷推進。最初，該法案被稱為歐文 - 格拉斯法案（Owen-Glass Act）。1913 年的一份早期草案中，參議員歐文提出了一條穩定條款，但最終遭到眾議院代表的否決。此後，一系列相關法案被相繼提出，如 1919 年的赫斯特德法案，1922 年和 1926 年的達林格、戈茲布拉夫和史壯法案等。雖然一開始大眾對此類法案並不太關心，但隨後關注度迅速提高。

近年來，美國國內已經感受到了來自於大眾要求加強這一領域立法的真實壓力。主要的農業組織，如美國農場局聯合會、全國農場主聯盟和全

治標治本之道－重塑貨幣的穩定性

國農會，均對穩定建議給予了積極支持。一些勞工組織，如美國勞工聯合會，也在一定程度上表示了支持。

與此同時，聯邦儲備系統內部也在悄悄推展工作，試圖實現貨幣穩定。已故紐約聯邦儲備銀行總裁小班傑明・史壯曾創建了一個非官方委員會，目的是利用公開市場政策來防止通貨膨脹。儘管史壯本人不願公開支持穩定政策，但在臨終前曾私下表達過支持，並幫助起草了眾議員詹姆斯・史壯提出的一項相關議案。

1932 年，《戈茲布拉夫法案》被提交投票表決。這是一項旨在透過再貼現和公開市場政策來服務於全國物價水準的特定目的法案。但這僅僅是起步，美國需要建立一個更為完善的貨幣體系。

理想情況下，這應該是一個全身心致力於貨幣穩定的委員會，其工作不會受到銀行經理個人問題的影響。它可以獲得勞工統計局、財政部、鑄幣廠以及聯邦儲備系統的合作，並與各級銀行進行廣泛合作。只有建立這樣一個專注於貨幣穩定的權威機構，美國才能真正實現貨幣體系的健康長期發展。

［重建美國經濟的艱難之路］

經過衰退與沉淪的長期煎熬，美國人民終於迎來了一個重建經濟的曙光機會。眾議院以壓倒性的票數通過了《戈茲布拉夫法案》，希望藉此扭轉持續多年的經濟低迷。然而，這項法案的命運並非一帆風順，在參議院銀行和貨幣委員會遭到了激烈的反對和否決。

反對者的論點主要集中在幾個方面。首先，他們擔心《戈茲布拉夫法

案》將迫使美國脫離金本位制，開啟一場失控的通貨膨脹。他們認為，這種擔憂有現實根源，如黃金局勢的不確定性以及難以達到 1921～1929 年的物價水準。此外，他們還指責這個法案違背了供給與需求的規律，是一種對價格的不當干預。更有甚者將其貶為「通貨膨脹法案」，完全無視當前美國面臨的主要問題是通貨緊縮。

無須諱言，這種反對聲音中確實蘊含了一些經濟學上的謬誤和片面理解。比如將「有調控的信貸膨脹」與「有調控的通貨膨脹」等同起來，顯然忽視了兩者之間的本質區別。又或者將聯邦儲備委員會過去的「漫無目的」和濫用權力的紀錄，等同於《戈茲布拉夫法案》賦予它的更明確職責，這也是片面的。

最後，最為荒謬的反對理由，莫過於將過去幾十年美元不穩定的購買力作為「健全貨幣」的標準。事實上，美元的歷史走勢正是當前急需矯正的問題所在。只有透過穩定物價水準，才能重建美元的購買力和大眾的信心，這正是《戈茲布拉夫法案》所瞄準的目標。

儘管道路艱險，但只要堅持以事實為依歸，大步朝向經濟復甦的目標邁進，定能最終獲得勝利。美國人民已飽受苦難，是時候擺脫困境，重拾昔日的輝煌了。

貨幣的穩定性是一個長期以來讓人頭痛的問題。這一曲線所呈現的貨幣價值的起起伏伏，不僅成為許多人最終死亡的原因，也讓社會資產不斷重新分配，造成了龐大的社會代價。

無論是債權人還是債務人，無論是富人還是窮人，每一次貨幣價值的上下波動都意味著一次資產的重新分配。舉個例子，一個西元 1865 年借了 1,000 美元建造房屋的窮人，到西元 1896 年已還清了本金和利息，但

治標治本之道—重塑貨幣的穩定性

實際上失去了 1,000 美元的購買力。另一個例子,一個西元 1896 年存入 100 美元的窮人,1920 年領回 256 美元,卻不過相當於西元 1896 年 77 美元的購買力。這樣的故事在歷史上不計其數,無論是個人還是整個社會,都因貨幣價值的波動付出了慘痛的代價。

更糟糕的是,在一戰和戰後這個特殊時期,各國爆發了所謂的「災難景氣」,物價飛漲數倍,許多中產階級被完全消滅,許多人因為無法跟上物價而走向自殺。這是一段黑暗的歷史,德國通貨膨脹達到天文數字,俄國物價在短短幾年內上漲 400 萬倍,這樣的極端情況往往給社會帶來極大動盪。

貨幣的穩定性攸關民生,影響範圍之廣可見一斑。我們必須正視這一曲線所呈現的隱藏危機,採取適當政策穩定貨幣,以避免再次釀成類似的災難。只有這樣,才能減少因貨幣波動而造成的龐大社會代價。

[戰爭與貨幣體系的互動]

戰爭無疑是造成貨幣體系不穩定的最大障礙。在戰爭期間,產生的龐大債務、惡性通貨膨脹以及戰後的經濟收縮,往往令即使是最精緻的貨幣制度也無力遏制。

通常認為,解決邊界爭端的司法體系應該同樣適用於化解戰爭。這並非無理之舉,因為戰爭實質上也是一種最原初的訴訟方式 —— 只要存在爭議引發衝突,在缺乏其他解決方式的情況下,戰爭就會不可避免地發生。

然而,戰爭罪行的歸責,往往並非可以簡單歸咎於單一國家。有學者

指出，第一次世界大戰的罪責應當更多地歸因於當時的「全球混亂」，各國都在面臨激烈的商業競爭。為了維護安全，各國不得不謀求力量的平衡，這確實在一段時期內維持了和平。但任何力量平衡都無法長久維持，一旦失衡，即使是實力較弱的國家也不得不不情願地選擇戰爭。

因此，要實現取代戰爭的目標，最初應該是透過準司法性質的途徑，而不是完全依賴司法體系本身。畢竟，國際訴訟機制的發展較之國內法制要晚了近 100 年。我們應該了解到，戰爭與貨幣穩定之間的複雜關係，需要謹慎探索能夠有效化解這種相互作用的方法。

我們必須認真思考資本主義體系的未來前景。這種由私人利潤驅動的體系，逐步暴露出自身的弊端與危機。經濟蕭條、貨幣波動、戰爭與動盪，這些都是我們必須正視的現實威脅。資本主義已經不再能單純地迎合人們追求更好生活的願望，反而成為製造危機的根源。

默里·巴特勒先生曾稱，資本主義仍處於試驗階段，這或許意味著我們必須進行內部的自我改革。將經濟蕭條這一癥結從利潤體系中根治，才能避免社會主義思想者們對資本主義的全面否定和瓦解。不穩定的美元、不斷攀升的物價，都會威脅到資本家的利潤空間，債務的壓力也將愈加沉重。

我們不應輕易否定資本主義的優勢。它對積極性的獎勵確實是其長處之一，但社會主義同樣能激發人們的積極性，並減少自私的動機。關鍵在於，當前資本主義國家與社會主義國家，都必須互相借鑑對方的優點，尋求經濟刺激的適當方式。

資本主義國家的政府職能、公共服務體系，已經不完全符合純粹的資本主義性質。而蘇聯等社會主義國家，也在過去十年間朝著資本主義的道

治標治本之道—重塑貨幣的穩定性

路前進了一段距離。這顯示，兩種體系正在相互靠近，尋求一種新的平衡點。

我們是否能夠保持資本主義，關鍵在於能否及時進行內部改革，消除其固有的弊端。否則，資本主義的整個大廈將面臨瓦解的危險。而這個抉擇，不僅關乎資本主義的存亡，更關乎人類社會的未來走向。

［提升社會福祉的貨幣政策］

在《貨幣幻覺》一書的序言中，喬賽亞·斯坦普爵士道出了一個重要觀點：「貨幣作為交換媒介促進了文明發展，但同時也透過其自身機制和精神效應，對我們的社會造成了破壞。」這一問題的嚴重性無疑值得深思。

事實上，當本書付梓之時（1932 年 9 月），經濟復甦的曙光已經初現。在短短兩個月內，股票價格翻了一倍，商品價格更是上漲了 5.5 倍。這種發展態勢可能來自貨幣數量或流通速度的增加，抑或二者兼有。但值得注意的是，貨幣流通速度提高而貨幣數量卻微幅減少，這預示著物價的上漲。相反，如果貨幣流通速度下降而貨幣數量增加，則會導致物價下降。

人們信心的激發，一方面得益於免除德國戰爭賠款的《洛桑協定》，另一方面則得益於政府宣布為通貨再膨脹做好了準備。這些都推動了囤積資金的釋放，提高了商品價格。而抵押品價值的提升，也促進了一些債務人清償債務，暫時降低了信貸貨幣的流通速度。

然而，近期通過的各項法案，如《格拉斯通貨膨脹法案》、《格拉斯-斯蒂格爾法案》、聯儲系統的大規模公開市場操作等，都為進一步的通貨

再膨脹奠定了基礎。銀行逐漸獲得了「流動性」，黃金也開始從歐洲流回美國。顯然，這一輪經濟復甦更多是人為努力的結果，而非經濟自然規律回歸的結果。

令人矚目的是，最近瑞典在控制物價水準方面獲得了非常成功的實踐。正如卡塞爾教授所介紹，瑞典透過適當的貨幣政策，成功地維持了紙幣的購買力。這顯示，有計畫地調控紙幣的購買力是可行的，中央銀行透過恰當的政策可以控制貨幣的價值。

整體而言，當前全球國家在實現一個穩定和有保障的貨幣單位的目標上獲得了長足進步，儘管還未完全實現，但這已經是一個值得欣喜的進展。對於人類社會而言，保持貨幣穩定無疑是一個極為重要的課題，它不僅影響個人財富，也關乎社會整體的福祉。相信只要我們堅持不懈地探索真理，這一目標必將在不遠的將來實現。

可以說，自19世紀中葉開始，追尋貨幣標準的道路就已悄然展開，歷史學家、經濟學家乃至各界菁英不約而同地呼籲穩定貨幣單位。這是一場跨時代、跨領域的共同探索，也必將成為未來經濟發展道路中的重要一環。

物價水準穩定：一戰後國際協調的嘗試

1919年，美國成立了穩定貨幣聯盟（Stable Money League），這象徵著後來的穩定貨幣協會（Stable Money Association）的雛形。一戰期間，迫切需要將理論應用於實踐。美國經濟協會的委員會發現，透過國際協議實現貨幣單位價值的穩定是可行且可取的目標。1922年，35個國家的代表

治標治本之道－重塑貨幣的穩定性

在熱那亞一致通過了一項決議，認為歐洲經濟重建的先決條件就是各國實現貨幣價值的穩定。其中還提出了具體措施，避免黃金價格的大幅波動。

在戰後時期，一些國家已經採取了明確的貨幣穩定政策。瑞典中央銀行使用新的指數指導政策，這受到外界的高度讚譽。許多國家在放棄金本位制後，選擇與英鎊連繫，而非直接與黃金掛鉤。英國了解到脫離金本位後貨幣調控的好處，物價出現上漲。有人認為英國未來可能不會重返金本位，除非黃金價格也能得到有效管控。

麥克米蘭金融與工業委員會在1931年向英國政府提交的報告中指出，只要能夠影響國際物價水準，英國應將維持物價水準作為貨幣政策的主要目標。這一建議意味著物價水準已成為英格蘭銀行和其他中央銀行關注的重點，而非以往的黃金儲備。可見，國際合作以及各國央行的政策取向正在發生深刻的變革，致力於實現更穩定的物價水準。

過去在塔虎脫的執政期間，曾有一份呼籲召開關於物價水準的國際會議的決議獲得參議院的通過，但由於提交到眾議院的時間太晚，未能在該屆國會1913年任期結束前生效。直到1932年5月，眾議院貨幣制度及度量衡委員會的一個下屬委員會才建議總統召開一次國際貨幣會議。隨後，英國首相麥克唐納就此向美國國務院徵詢意見，美國給予了積極回應。最終，美國正式接受了來自國際聯盟的官方邀請，參加一次探討包括物價水準在內的國際經濟問題的會議。

自上個世紀初以來，穩定商品價格一直是一個重要的政策目標。美國政府和國際社會都在不同程度上進行了一些探索和嘗試，但要實現真正有效的價格穩定，恐怕仍需要進一步的努力和協調。

生活更穩定的新未來

近來,美國大眾對於加強這一領域法律法規的要求越發強烈。多家農業組織,如美國農場局聯合會、全國農場主聯盟和全國農會,都積極支持穩定建議。一些勞工組織,如美國勞工聯合會,也表達了一定程度的支持。

與此同時,聯邦儲備系統內部也默默展開了相關工作。已故的紐約聯邦儲備銀行總裁小班傑明・史壯曾組織了一個非官方委員會,旨在利用公開市場政策來控制通貨膨脹。後來這個委員會被聯邦儲備委員會接管和擴充,由所有聯邦儲備銀行總裁組成。

然而,除了史壯,這個委員會的其他成員似乎並不完全支持穩定的基本理念。史壯本人在生前也曾在國會反對過一項關於穩定的議案。不過,在臨終前,他私下表達了對這一議案的支持,並幫助完善了最後的框架。他表示,只要聯邦儲備委員會公開表態支持,他也願意公開宣告支持。但遺憾的是,聯儲委卻拒絕這樣做。

這個議案正是由眾議員詹姆斯・史壯提出的。儘管目前情況依然棘手,但相關各方的共同努力,正在為美國經濟帶來更加穩定的未來。我們理應抓住這個機遇,共同制定出一套更加完善的法律法規,以維護國家和個人的利益。只有這樣,我們才能真正走向更加安全穩定的生活新紀元。

聯邦儲備委員會在這一議題上的態度也漸趨積極。雖然過去曾冷淡對待,但如今正悄悄地推展相關工作。這為未來的立法程序增添了正面力量。我們期待,在各方利益相關方的共同推動下,美國經濟穩定立法能夠早日落地,為農業和整個經濟注入持久動力。只有經濟穩定,才能為農業革新鋪平道路,最終造福廣大民眾。

治標治本之道—重塑貨幣的穩定性

［美國經濟復甦的關鍵法案］

1932年，眾議員史壯和艾倫・戈茲布拉夫在多年的努力下，終於推動通過了《戈茲布拉夫法案》。這部法案旨在透過再貼現和公開市場操作等方式來實現全國物價水準的穩定，為美國經濟的復甦奠定基礎。

儘管該法案獲得了來自各界的廣泛支持，包括農業和勞工組織，但在參議院遭到了一些反對聲音。其中，參議員格拉斯多年來一直反對在《聯邦儲備法》中加入價格穩定條款。這些反對者擔心，該法案會迫使美國脫離金本位制，導致無法控制的通貨膨脹。然而，事實上當時美國正面臨嚴重的通貨緊縮，實施一定程度的通貨再膨脹恰恰是治療經濟蕭條的必要之舉。

令人遺憾的是，《戈茲布拉夫法案》最終未能在參議院獲得通過。但這並不意味著這一努力徒勞無獲。相反，它為日後美國建立更加完善的貨幣體系奠定了重要基礎。正如法案提出者所建議的，未來美國需要建立一個專門的委員會，全面掌控各類貨幣的發行與調控，並與各政府部門、銀行等機構密切合作。只有這樣，美國最終才能拭目以待經濟的復甦。

美元的不穩定歷史可謂令人髮指。從西元1860年到1932年，美元的購買力經歷了劇烈的起伏，這意味著數以千計的債務人和債權人受到了不公平的對待。不管是窮人還是富人，無一倖免於這樣的波動，這反映了聯邦儲備系統缺乏明確的目標和責任感，對經濟造成了極大的傷害。

《戈茲布拉夫法案》試圖糾正這一問題，將聯儲會的職責清晰地定位為維護物價穩定。這固然受到一些質疑，擔心會過度集中權力。但實際上，聯儲會早已擁有操縱貨幣供給的能力，只是濫用和缺乏約束。而《戈

茲布拉夫法案》恰恰為其設定了物價目標，使其權力受到一定限制。

與之前「漫無目的」的運作相比，這無疑是一個重大改善。美元不穩定的歷史給社會帶來了沉重的代價——包括無數因債務危機而死亡的普通人，以及債權人和債務人之間的不公平分配。這種情況必須得到改變。

透過《戈茲布拉夫法案》明確聯儲會的職責，確保美元的穩定性，這不僅可以保護債務人和債權人的利益，更能為整個社會減輕龐大的代價。健全貨幣的第一要務就是穩定，只有透過這樣，美元才能真正發揮應有的作用，造福所有民眾。

［當1美元也不夠買一包菸 —— 通貨膨脹的歷史回顧］

回顧西元1860年以來美元的購買力變遷，我們可以看到貨幣價值的劇烈波動。如果以1913年的1美元為基準，其實質價值在不同時期有了極大的變化。比如西元1860年時，1美元相當於96美分；而到了西元1865年1月，已跌至只有47美分；西元1896年則上升至150美分。如果以1929年1美元等於100美分來計算，那麼到了1932年6月第3週，1美元的實際價值已經達到162美分！

這種貨幣價值的大起大落，並非僅發生在美國，在當時的其他主要國家也出現了類似的情況。在第一次世界大戰期間及戰後，許多國家均出現了所謂的「災難景氣（calamity booms）」。這一時期，很多中產階級族群由於收入無法跟上物價上漲而被消滅，甚至造成許多人自殺。以英國為例，1913～1920年間物價水準上漲超過3倍；法國則超過5.25倍；義大利更是超過6.5倍。

145

治標治本之道－重塑貨幣的穩定性

在奧地利，1914～1922年間物價水準上漲超過17,000倍，到1925年更超過21,000倍。俄國的情況更為嚴重，1922年物價水準上漲超過400萬倍，到1923年已達60億倍。而德國的通貨膨脹更是達到了令人難以想像的程度，1920年物價僅上漲15倍，但到了1923年已經達到了超兆倍的天文數字。

這一段歷史告訴我們，貨幣的價值是極其脆弱的，可能在極短的時間內發生翻天覆地的變化。這對於普通民眾的生活來說是一場重大的災難。我們必須警惕通貨膨脹的威脅，維護貨幣的穩定性，才能確保經濟的健康發展，人民的生活水準不會遭受嚴重的損害。

戰爭無疑是導致貨幣體系動盪的主要推手。戰時債務累積、通貨膨脹蔓延，即使是設計再精細的金融制度也難以抑制。而那些旨在解決邊境爭端的司法工具，顯然也無法有效化解戰爭這一絕境。戰爭的根源往往源於國際間的利益衝突和權力角逐，即使力量平衡可在一時維護和平，但終會破裂，引發新的戰端。

因此，要根本解決戰爭問題，首先需要建立起超越國家利益的國際機制，以準司法的形式取代暴力衝突。只有透過漸進式的國際制度建設，我們才能最終實現以和平方式化解分歧的目標，從而確保貨幣乃至整個社會經濟秩序的長期穩定。這既是我們義不容辭的責任，也是維護人類文明進步的必然選擇。

[重建穩定的經濟秩序]

戰爭本質上是一種初級的訴訟方式，只要存在爭議和缺乏其他解決途徑，就會不可避免地發生。

我們不能將第一次世界大戰的罪責全部歸咎於一個國家，而是應該把責任歸咎於國際體系的「全球混亂」。為了避免戰爭，各國不得不追求力量平衡，但這種平衡終歸難以持久，往往最終導致戰爭爆發。我們需要的是一種能夠取代戰爭的替代方案，即準司法性質的國際訴訟機制。

同時，我們還要直視資本主義制度本身面臨的危機。經濟蕭條是利潤體系固有的弊病，而飢餓、罷工等問題又製造了新的威脅。擁護資本主義的人也承認，資本主義仍在試驗之中，必須內部調整，否則社會主義就可能取而代之。畢竟，利潤總是受制於美元等不穩定因素。

無論是資本主義還是社會主義，都必須互相借鑑、相互吸收對方的優點，才能更好地刺激經濟發展，重建穩定的經濟秩序。我們必須擺脫戰爭的陰影，尋找能取代戰爭的新途徑，並在資本主義與社會主義之間找到平衡點，共同建構一個更加繁榮穩定的未來。

此刻，正當本書即將面世之時（1932 年 9 月），經濟復甦的曙光似乎已經初現。在短短兩個月內，股票價格已經翻倍，商品價格更是上漲了 5.5 倍。

造成人們信心激發的原因，一方面在於《洛桑協定》實際上免除了德國的戰爭賠款，另一方面則是我們國家已經為通貨再膨脹做好了準備。一系列政策舉措已經為進一步的通貨再膨脹鋪平了道路。這些措施包括：《格拉斯通貨膨脹法案》的頒布，允許增加紙幣發行量；《格拉斯 - 斯蒂格爾法

治標治本之道—重塑貨幣的穩定性

案》解放了黃金；聯邦儲備系統史無前例規模的公開市場操作；復興金融公司的信貸操作；以及《家庭貸款銀行法案》等具有通貨再膨脹性質的舉措。銀行逐漸獲得了「流動性」，黃金也開始從歐洲流回美國。

種種跡象顯示，在我們的國家已為此做好充分準備的情況下，通貨膨脹的浪潮正在捲土重來。本書將在此背景下，深入探討貨幣政策對社會的深遠影響，希望能為讀者呈現一幅更為全面的貨幣景觀。

[經濟循環的探索與洞見]

如果大蕭條真的即將結束，那麼顯然它更多的是人類努力的結果，而非向均衡回報的經濟自然規律的結果。近來人們努力控制物價水準的最令人矚目的案例發生在瑞典。據卡塞爾教授介紹，瑞典政府採取的措施「已經得到了非常成功的實施。瑞典貨幣當前的購買力，在可避免的統計誤差範圍內，正好相當於去年9月的購買力。這一成就具有非常重要的意義。它顯示，對於紙幣的購買力進行有計畫的調控是可能的；中央銀行透過適當的政策是可以控制紙幣的價值的」。

本書附錄中詳細列舉了九大導致經濟蕭條的因素，包括：輕微的悲觀情緒出現、信心出現動搖、債務清償行為出現、安全貸款利率降低、不安全貸款利率提高、廉價銷售、證券價格下跌、商品價格下跌、實質利率上漲、實際債務水準提高、存款貨幣數量減少、企業淨值減少、破產企業增加、利潤減少、虧損增加、交易量減少、建造活動減少、產出量減少、貿易量減少、失業率上升等。這些因素呈現出一種蜿蜒曲折的發展軌跡，相互影響、因果關聯，最終引發了經濟的大蕭條。

透過爬梳這些關鍵因素，我們可以進一步探索經濟循環的內在規律，並從中尋找應對經濟波動的有效對策。正如瑞典的成功經驗所示，只要政府及時採取適當的政策干預，就有可能控制住物價水準，避免陷入經濟蕭條。我們有理由相信，只要充分認識並掌握經濟循環的奧祕，就一定能夠在未來更好地應對和化解危機，實現經濟的繁榮發展。

蕭條時期的九大因素中，我們可以看到，在蕭條的不同階段，各種因素互有關聯、交錯發生。比如輕微的悲觀情緒出現後，會引發更多的債務清償行為，進而導致貨幣流通速度下降、安全貸款利率下降等連鎖反應。與此同時，悲觀情緒的加重還會導致諸如證券價格下跌、商品價格下跌等多個後續效應。而隨著時間的推移，這些因素會以螺旋式的方式相互強化，最終演變成為銀行擠兌、大規模的銀行倒閉、不信任情緒加重、貨幣大幅升值等極端局面。

可以說，蕭條時期諸多相互關聯的因素，最終構成了一個錯綜複雜的互動網絡，每個環節都可能引發連鎖反應，加劇整體經濟的惡化。因此，要應對蕭條危機，光靠單一的政策干預是遠遠不夠的，需要從這個整體性的角度出發，採取綜合性的對策。只有深入理解各種因素的內在關聯，才能找到切實有效的出路。

治標治本之道－重塑貨幣的穩定性

繁榮與蕭條下的資料觀察

繁榮與蕭條下的資料觀察

　　為了充分回答前面提出的問題,我們必須仔細觀察九大指標背後的資料變化。這些資料涵蓋了經濟活動的各方面,從債務、貨幣供給、價格走勢到淨值、利潤、貿易生產等,都能為我們繪製出當時經濟的全貌。

　　首先是債務方面的資料。我們可以獲取銀行和其他機構的借貸情況,包括不同種類的債券、貸款等信貸工具。這些資料能反映出各經濟主體的負債水準及其變化趨勢。債務的增減往往與經濟週期相關,可以為我們分析繁榮期和蕭條期的轉捩點提供參考。

　　其次是貨幣供給和流通速度的資料。個人銀行存款提領、貸款比率、銀行投資情況等,都能揭示出貨幣活躍程度的變化。這些資料關乎整個經濟體系的流動性,是判斷信貸環境的重要指標。

　　物價方面,我們可以整理股票、債券、商品以及房地產和薪資的變動情況。這些反映出社會各界信心狀況的資料,有助於我們理解繁榮期和蕭條期的投資者心理和消費者行為。

　　此外,淨值資料如銀行和企業破產情況,以及利潤資料如紅利支付、企業盈虧等,也能為我們描繪出經濟主體的整體健康程度。這些都是理解經濟繁榮與衰退的重要線索。

　　最後是貿易、生產和就業方面的資料。從股票交易量、未完成訂單、運輸量等指標,我們可以觀察到整體經濟活動的脈搏。這些資料能夠直觀地展現出產業的盛衰,就業環境的變化,對應著繁榮期和蕭條期的特徵。

　　透過對這些關鍵指標的全面分析,我們將能更好地了解1929年大蕭條前後的經濟狀況,並探究其中的根源原因。只有充分把握資料的動向,我們才能真正回答前面提出的問題,揭示繁榮與蕭條的奧祕。

　　透過統計資料,我們可以深入觀察經濟週期中的各種變化。百貨公司

銷售額、連鎖店銷售額、農產品交易額等指標反映消費需求趨勢。進口出口資料表示國際貿易動態。鐵路貨運、電力消費、生鐵產品產出等指標則顯示實體生產活動。就業人數、薪資支出、利率水準則映現勞動力市場和金融市場狀況。

這些統計資料或多或少都能反映出心理層面的變化。如囤積行為、存款動向、債券收益率差異，都可以揭示人們對經濟前景的信心和憂慮。統計資料為我們洞見了經濟主體的心理預期。

1929～1932年大蕭條時期的資料顯示，美國在此前累積了大量的債務，包括國際私人債務和公共債務。特別是地方政府債務在1922～1928年期間大幅增加，每人平均債務水準達到歷史高峰。這些加重的財務負擔最終窒礙了經濟活力，加劇了經濟崩潰。從這些資料中，我們可以深入理解導致大蕭條的結構性根源。

透過資料的系統性觀察，我們能夠客觀掌握經濟週期的走向。統計資料為我們呈現了一幅全景式的經濟景象，為分析經濟運作軌跡提供了詳實的依據。

［新時代下的財政債務挑戰］

眼前的經濟困境，美國政府的債務負擔正日益沉重。根據統計，到1931年12月底，聯邦政府債務已高達460億美元，相當於當時全國總財富的15%。同時，各州及地方政府的債務也達310億美元，與聯邦政府的債務相加總計高達770億美元，占總財富的24%。這一龐大的債務纍纍，正成為政府應對經濟蕭條的沉重包袱。

繁榮與蕭條下的資料觀察

不僅如此，其他國家的公共債務情況也同樣堪憂。在德國、法國、波蘭、奧地利和俄國，由於貨幣大幅貶值，絕大部分國內債務已被抹消殆盡。即使是英國，其國家和地方債務也呈現持續增加的態勢。可以說，這場席捲全球的經濟大蕭條，給世界各國的政府財政帶來了前所未有的沉重壓力。

造成這一局面的根源，一方面在於農業過度生產。在 1917～1920 年間，農產品價格高漲促使大量土地被開發利用，加上農業技術的進步，導致產品供給激增，價格隨之下滑至低於生產成本，嚴重損害了農民的利益。另一方面，人們喪失信心，開始大量購買生活必需品以外的商品和奢侈品，這進一步加劇了通貨緊縮，造成經濟下滑。

種種因素疊加，最終導致了政府財政的雪上加霜。政府不僅面臨減少稅收的困境，還不得不加大投入緩解民眾生活的困難，這使得債務無法控制，大幅膨脹。在這場全球性的經濟災難面前，政府急需制定更有效的財政政策，既要化解當前的債務危機，又要為未來的經濟復甦打下堅實基礎。這無疑是當前政府面臨的重大挑戰。

衡量大蕭條時期美國農民境遇的一個不太利好的指標，就是他們的不可流動性。在這個時期內，無論是豐收還是歉收，農民都無法自如地離開自己的土地，因此進一步成為債務的受害者。

從 1910 年到 1928 年，儘管美國農場的淨值從 356 億美元成長到 430 億美元，但在同一時期內，抵押貸款債務增加得更加迅速，從 36 億美元飆升至 95 億美元。結果是，農民的資產淨值從 1910 年占所有農場總價值的 90%，下降到 1928 年的 78%。

更為嚴峻的是，由於農產品價格比 1929 年大幅下跌，農民的實際債

務負擔更為沉重。以 1929 年為基期，儘管名義上抵押貸款債務下降了 20%，但實際上農民的債務負擔卻增加了 75%。此外，除農產抵押貸款外，其他抵押貸款的實際債務增加更是高達 111%。

這期間，非農產抵押貸款債務總額也有可怕的成長。從 1920 年的 96 億美元，飆升到 1929 年的 370 億美元，增加了近 3 倍。雖然從 1929 年到 1932 年初，這一數字有所下降，但仍屬可觀。企業的長期和短期債務也在這一時期大幅膨脹，據猜想 1929 年總額超過 650 億美元。

整體而言，在大蕭條時期，美國農民不僅深陷債務困境，而且他們的債務負擔與日俱增，最終導致許多農民不得不放棄自己世代經營的土地，走向了徹底的破產。這不僅是一個個人的悲劇，也反映了當時美國社會經濟發展的另一個黑暗面。

美國金融市場的興衰

在經濟蕭條時期，美國金融市場經歷了劇烈的起伏變化。1919 年至 1929 年期間，企業債券在證券發行中所占的比重急遽上升，從 1919 年的 23.1% 攀升至 1929 年的 53.9%。同期，長期債券所占比例則大幅下降，從 1919 年的較高水準持續降至 1929 年的 25.3%。相反，普通股在證券發行中的比重從 1919 年的 10.5% 激增至 1929 年的 53.9%。

這種趨勢一直持續到 1929 年大崩盤之後。1930 年，長期債券所占比例再度升至 56.7%，而普通股所占比例降至 22.3%。次年，這一情況進一步加劇，長期債券比例升至 68.7%，普通股比重降至 8.2%。這一現象在 1932 年 1 月和 2 月的資料中也有所反映。

繁榮與蕭條下的資料觀察

同時,銀行貸款和投資的情況也出現了變化。所有銀行的投資總額從 1914 年的 55.41 億美元增至 1928 年的 178.01 億美元,但其後開始緩慢下降。聯邦儲備會員銀行的貸款總額於 1929 年 10 月達到最高點 261.65 億美元,此後持續下降,到 1931 年 12 月降至 192.61 億美元,創下自 1924 年以來的新低。

銀行存款總額在 1928 年 12 月達到最大值 567.66 億美元,此後開始下降。聯邦儲備會員銀行的活期存款淨值在 1929 年 11 月達到最高點 199.79 億美元,之後也顯著下降,到 1932 年 2 月降至 147.89 億美元,創下 1922 年 3 月以來的最低水準。

整體而言,這一時期美國金融市場經歷了劇烈的變化,反映了整個經濟的起伏走向。大崩潰後,市場出現了重大轉變,長期債券和銀行貸款重新成為主導,而股票市場則逐步走向低迷。這種變化既是經濟蕭條的結果,也引發了後續進一步的經濟影響。

儲備銀行的貸款數額從 1929 年 12 月開始持續下降,直到 1931 年的 2 月至 7 月期間,平均貸款數額較 1929 年 10 月時少了 5.25 億美元。這一貸款大幅下降差不多抵消了同期 5.77 億美元的黃金進口量成長。1931 年 7 月後,儲備銀行貸款開始增加,到 12 月增加了 9.96 億美元,但會員銀行準備金餘額卻下降了 3.38 億美元。這主要是由於兩個原因:一是大量黃金外流;二是因對美元和銀行系統的償付能力喪失信心,加上大量銀行破產導致流通貨幣增加。

聯邦儲備系統曾努力遏制 1928～1929 年的投機狂潮,包括道德勸說和使用再貼現政策,但效果並不理想。這是因為投機借貸行為太不穩定,難以有效控制。而且許多公司和個人選擇從事高利貸而非向銀行貸款,使

得儲備系統的政策落空。同時，銀行還根據大量存款客戶的指令發放了大量「其他部門貸款」，這些貸款在繁榮時期更是遠超銀行向經紀人發放的貸款。

1929年以來，包括經紀人貸款在內的證券貸款出現了突然的大崩潰，突顯了當時銀行和整個金融體系面臨的嚴峻困境。在經濟蕭條加劇的背景下，銀行業面臨的危機不斷加深，需要及時採取應對措施，以維護金融穩定。

未來前景與當下危機

在前文中，我們探討了當前經濟下的整體債務狀況。根據華倫教授和皮爾森教授的粗略估算，1929年時整體債務總額約為國民財富的一半，折算為人均值大約為1,700美元。然而，隨著商品價格的下降，這一數額已經上升至國民財富的75%，已是一個難以承擔的極大負擔。

值得注意的是，這樣龐大的債務並不可能全部收回。通貨緊縮導致的價格下降，不僅使放貸者的債款購買力大增，也加劇了債務人的還款壓力。由此可見，當前的經濟危機已經嚴重到威脅到整個社會的財富累積和未來發展。

我們不禁要問，究竟還有哪些方法可以有效地應對這一危機。或許削減債務規模，透過適當的通貨膨脹來降低債務的實際負擔，是一條可行的出路。同時，我們也應當加強對投機行為的監管，防止類似的債務累積過程再次出現。只有這樣，我們才能確保經濟的長期健康發展，為未來的繁榮打下堅實的基礎。

繁榮與蕭條下的資料觀察

當下的危局雖然嚴峻,但只要我們採取正確的應對措施,相信必將驚濤駭浪過去,迎來新的曙光。讓我們共同努力,共度時艱,為美國的經濟復興注入新的活力。

根據國家金融公司協會的報告,我們可以對美國的家庭金融狀況有一個更清晰的了解。

1932年,美國的總貨幣債務推測為1,974.20億美元。這個數字是由米克爾博士提供的。與此相近,伊迪博士也推測了最低1,200億美元,很可能超過1,500億美元的債務水準。值得注意的是,伊迪博士的估算並未包括390億美元的銀行貸款、22億美元的消費者信貸、256億美元的外債以及24億美元的人壽貸款。一旦加上這些項目,實際的最低債務水準將達到1,892億美元,可能超過2,192億美元。

除了國內的債務,美國在海外也有大量的私人長期投資。根據商務部的資料,1924年這一數字達到了120.45億美元,到1929年增加到178.82億美元。這其中包括直接投資、金融證券投資,以及其他形式的海外投資。

另一方面,在戰時期間,聯邦政府的債務水準大幅增加。從1914年6月30日到1919年6月30日,聯邦債務總額增加了21倍。不過,隨後這一數字有所下降。直到1931年,為彌補財政赤字而採取的新的借債舉措,使聯邦債務再次增加了20億美元。

整體而言,美國家庭和政府的債務狀況均發生了較大變化,既有顯著增加,也有一定程度的下降。這反映了經濟環境的複雜性,以及政府應對財政挑戰的不同舉措。未來,我們需要進一步關注這些趨勢的發展,以確保家庭和國家的財務健康。

[債務危機下的州和地方政府財政狀況]

州及地方政府在 1920 年代的債務高成長速度對美國經濟造成了極大影響。在 1922 至 1928 年的短短 6 年間，這些政府的債務規模成長了 76%，年平均成長率高達 12.67%。美國 146 個擁有 3 萬人口以上的大城市，其債務額也從 1913 年的 23.19 億美元，一路攀升至 1929 年的 71.92 億美元。

這種急遽的債務膨脹引起了銀行業的高度警惕。銀行開始拒絕向債務負擔沉重的城市如芝加哥、費城和紐約等發放貸款，直到這些城市能夠提供足夠的證據表示他們已經控制住了「奢侈性消費」的蔓延。

從整體來看，1919 年之前，聯邦、州和地方政府的平均每人債務水準增加迅速，並在 1919 年達到峰值 291.95 美元。此後一路下滑，直到 1930 年觸底 246.08 美元。但是隨後又再次開始攀升，至 1931 年 12 月達到 271.18 美元。

全國工業協商委員會對 1928 年之前的州和地方政府債務情況做出了一些粗略估算。而對 1928 年之後的債務走勢，則是由羅亞爾·米克爾博士提供的一些約略資料。儘管存在較大不確定性，但這些資料還是能反映出整體趨勢。

值得注意的是，這些債務與國家有形財富的比率變化也非常有趣。從 1917 年到 1919 年，單位資產（即每 1,000 美元財富）所對應的公共債務成長了 2.5 倍，平均每人債務更是成長了 5.25 倍。這一數值在 1922 年達到最高點，為 1915 年時的 3.5 倍。其後開始急遽下降，直到 1925 年觸底。從 1929 年到 1931 年 12 月，這一比值又成長了 67%。

整體而言，州和地方政府的債務狂飆引發了金融界的擔憂，也對當時

繁榮與蕭條下的資料觀察

的經濟造成了不確定性。這一問題的演變過程和資料變化，反映出了1920年代美國財政和金融面臨的嚴峻挑戰。

美國在大蕭條時期，農場經濟遭遇了重重困境。首先，聯邦、州及地方政府的債務不斷攀升，導致整個國家的財政狀況每況愈下。在其他國家，貨幣貶值甚至一筆勾銷了大部分國內債務，而美國卻並未如此幸運。

更令人心痛的是農民遭遇的厄運。上述資料顯示，1910～1928年間，美國農場的淨值從356億美元成長到430億美元，但同期的抵押貸款債務卻從36億美元猛增至95億美元。結果是，1910年農民資產淨值占所有農場總價值的90%，到1928年降至78%。可以說，農民在這段時期背負的債務越發沉重，雖然表面上資產增值，但實質上卻陷入了困境。

更加諷刺的是，儘管1929年以來農產品價格一路下滑，但其他商品的價格跌幅要小得多，導致農民實際債務負擔不斷增加。根據估算，以1929年為基期，由於農產品美元價值升至原來的2.2倍，農民抵押貸款負擔實際增加了75%，而其他農業貸款的實際債務增加幅度達111%。

如此可見，大蕭條時期美國農業經濟陷入了嚴重的危機，農民背負沉重的債務負擔，經濟地位日益衰落，可以說是整個社會經濟衰落過程中的最大受害者。這個悲劇性的轉折，揭示了政府和社會在經濟調整過程中對最弱勢族群的關顧不足，值得我們深思。

［農民的不可流動性與負債困境］

另一個不利條件，在於農民身上專有的處境。當耕地面積必須縮減時，農民的不可流動性便暴露無遺。不論是豐收還是歉收，他們都必須留

農民的不可流動性與負債困境

在自己的土地上，使他們更容易成為債務的受害者。

在1910～1928年間，美國農場的淨值從356億美元增至430億美元。然而同期的抵押貸款債務卻增加得更快，從36億美元增至95億美元。結果是，1910年農民的資產淨值占所有農場總價值的90%，到1928年降至78%。

從貨幣價值角度來看，情況更糟。農產品價格僅剩1929年水準的45%，而其他商品降至65%。以1929年為基期，農產品美元價值倍增，雖名義上貸款減少20%，但農民實際債務負擔卻增加75%。現時其他農業貸款的實際債務增加更達111%。

這就是農民的不幸處境。他們被困在自己的土地上，面臨著愈加沉重的債務。貨幣價值波動加上農產品價格下跌，令他們難以承擔日益增加的貸款負擔。這場景突顯了農民在經濟危機中的脆弱處境，他們不得不承受更重的債務壓力。

在約翰・格雷和喬治・W・特伯格教授的報告中，我們了解到1928年美國非農不動產第一抵押貸款債務總額超過250億美元，而到1929年更上升至370億美元。這一資料並未包括全部的二級抵押貸款及其他非優先抵押貸款，因此實際債務規模應該更大。從1920年至1929年間，非農產抵押貸款債務總額幾乎成長了3倍。

不過，從1929年到1932年初，各類非農產抵押貸款債務據猜想減少了約110億美元，這一數字或許還偏保守。企業的長短期債務統計同樣不易掌握，但我們了解到1926年企業債券總額在300億到400億美元之間，到1929年升至650億美元左右。國內稅收專員辦公室的資料更顯示，1929年企業債務高達760.96億美元。

繁榮與蕭條下的資料觀察

而自 1929 年以來，企業美元債務的減少很可能超過 114.14 億美元，即 15% 左右。這些資料都明確地表示，在 1929 年的繁榮之後，隨著大蕭條的到來，美國的非農產抵押貸款和企業債務都經歷了大幅下降。這反映了整個經濟的深度衰退，對當時的金融市場和企業經營都造成了沉重的打擊。

我們需要深入研究這些重大的金融變化，去理解這一時期美國經濟發展的脈絡和特點。只有透澈地了解到這些變化的原因和影響，我們才能更好地預防未來可能出現的經濟危機。這也是我們必須關注的重要命題。

美國資本市場在大蕭條時期的演變

經濟的起伏波動往往反映在資本市場的結構變化上。上世紀二十年代後期到三十年代初，美國資本市場經歷了劇烈的調整，這一過程反映了當時經濟狀況的劇變。

1919 年，企業債券在所有證券發行中所占的比重僅為 23.1%。此後，這一比重逐年提高，到 1921 年已經高達 79.1%。與此同時，長期債券的比重持續下降，一直到 1926 年和 1927 年才出現微幅回升。這種變化顯然與當時經濟陷入蕭條有關，企業積極透過發行債券來償還舊債，以應對經營困難。

1928 年，股票市場進入牛市，股票發行比重大幅上升，達到 30.2%，而債券比重則突然暴跌至 45.8%。到 1929 年，股票發行比重進一步攀升至 53.9%，而債券跌至 25.3%。顯然，在這一階段，企業紛紛選擇透過股票融資來獲得所需資金，反映了經濟回暖和資本市場的樂觀情緒。

然而，1930 年大蕭條爆發之後，情況發生了逆轉。1930 年，長期債券比重上升至 56.7%，而股票大幅下降至 22.3%。到 1931 年，這一趨勢更加明顯，債券比重升至 68.7%，股票則降至僅 8.2%。可見，在經濟嚴重衰退時期，企業再次轉向債券融資，股票市場逐步失去吸引力。

整體而言，美國資本市場在大蕭條時期經歷了劇烈的調整。從債券主導向股票主導的格局，再到在經濟危機中重新向債券傾斜，這些變化充分反映了當時企業和投資者的融資取向，並與整個經濟環境的劇烈波動密切相關。這段歷史為我們認識資本市場的運作規律提供了寶貴的經驗。

社會大環境的劇烈變遷往往能反映在金融資料的起伏變化之中。在 1929 年股市崩盤之後，美國金融市場出現了一系列波動趨勢，這在某種程度上折射了整個經濟陷入大蕭條的全貌。

從銀行貸款和投資的總額來看，在 1914 年到 1928 年間呈現了近 3.25 倍的成長，達到了 1928 年 6 月的 178.01 億美元的峰值水準。此後隨著 1929 年經濟情況的驟變，這一數額於 1929 年 12 月以後開始緩慢下降，到 1931 年 6 月達到 196.37 億美元的新高峰，但隨即又進入下降走勢，到 1931 年 12 月降至 184.81 億美元。

與此同時，聯邦儲備會員銀行的貸款總額於 1929 年 10 月達到 261.65 億美元，比 1914 年底成長 3 倍，比 1922 年底成長 50% 左右。但自 1929 年以來這一數額也呈現逐步下降的走勢，到 1931 年 12 月降至 192.61 億美元，創下自 1924 年 6 月以來的最低水準，下降幅度超過四分之一。

我們還需要注意，與貸款和投資直接相關的銀行存款總額在 1928 年 12 月達到最高的 567.66 億美元，之後也呈現下降趨勢。聯邦儲備會員銀行的活期存款淨值在 1929 年 11 月達到峰值的 199.79 億美元，之後一路

下滑,到 1932 年 2 月跌至 147.89 億美元,下降幅度超過四分之一,創下 1922 年 3 月以來的最低水準。

綜合貸款和存款兩大指標的起伏變化,可以看出 1929 年經濟危機爆發後,美國金融市場經歷了一個波動劇烈、整體性下降的過程,這反映了整個社會陷入大蕭條的嚴峻局面。在此背景下,政府和央行的介入成為必然,力圖穩定金融秩序,挽救瀕臨崩潰的經濟。

[美國債務危機的不安警鐘]

儘管聯邦儲備系統曾經努力遏制 1920 年代末期由不理性投機所帶來的繁榮局面,但他們採取的措施並未獲得預期成功。經紀人貸款的不穩定性實在太強,無法透過簡單的重貼現政策來有效控制。許多公司和個人選擇參與高利息的通知貸款,取代了銀行成為資金需求者的借款對象,使得聯儲會的政策最終落空。與此同時,銀行根據客戶指令發放的「其他部門貸款」也大幅超過了經紀人貸款,使得繁榮期間整體證券貸款的成長難以遏制。

1929 年以來這些證券貸款突然大幅崩塌。此外,華倫教授和皮爾森教授的估算也顯示,美國公共和私人債務在 1929 年就已達到相當於國民財富一半的龐大規模。如果商品價格下跌 3 分之 1,債務將高達國民財富的 75%,根本無法收回。通貨緊縮使債務的實際購買力大增,這無疑是債務危機最嚴重的問題所在。

一片煙花般的繁榮背後,正隱藏著美國債務累積的不安警鐘。聯邦儲備的政策失效,投機過度,債務膨脹,這些問題一旦爆發,恐將掀起一場

美國債務危機的不安警鐘

難以預料的經濟災難。未來究竟會如何，尚存未知，但我們必須引以為戒，謹慎應對。唯有審慎管理金融風險，才能避免美國再度陷入深淵。

美國家庭財務狀況一直是社會關注的熱門話題。根據最新的 National Association of Finance Companies 報告，我們可以更清晰地了解當前家庭債務的整體情況。

報告顯示，1932 年美國總貨幣債務額高達 1,974.20 億美元。這一數字與伊迪博士前期的估算非常接近，他當時預測最低 1,200 億美元，很可能超過 1,500 億美元。值得注意的是，伊迪博士的估算並未將 390 億美元的銀行貸款、22 億美元的消費者信貸、256 億美元的外債以及 24 億美元的人壽貸款計算在內。如果將這些都算上，實際的最低債務額將增加到 1,892 億美元，很可能達到 2,192 億美元。

這一龐大的債務規模無疑對美國家庭經濟造成了沉重的負擔。究其原因，主要有以下幾方面：

首先，經濟大蕭條的影響導致很多家庭失業，收入銳減，難以維持正常的生活開銷。面對生活的重大壓力，不得不透過舉債的方式來維持基本生活。

其次，消費信貸的迅速發展也是造成債務累積的一個重要因素。現代社會的物質生活水準不斷提高，家庭對各種商品和服務的需求也越來越大。為了滿足這些需求，很多家庭不得不借助於消費信貸的方式來購買，從而造成債務的不斷增加。

此外，人口的快速增加也為家庭財務帶來了一定的壓力。隨著家庭規模的擴大，各種開銷如房租、醫療、教育等也相應增加，許多家庭難以承受得起。

針對這些問題，政府和相關部門應該制定相應的政策措施，為家庭提供必要的經濟救助，同時加強消費信貸的規範管理，引導家庭合理消費，避免陷入過度債務的境地。只有這樣，才能真正改善美國家庭的整體財務狀況，提高生活品質。

黃金短缺與大蕭條

黃金短缺與大蕭條

黃金供給驟然減少一直被視為導致 1929 年大蕭條的主要原因之一。然而，事實卻顯示，在這一大經濟危機中，黃金實際並未短缺。

對黃金短缺問題研究最為深入的基欽教授及其他國際知名經濟學家，均認為黃金供給嚴重不足，是引發大蕭條的關鍵因素。國際聯盟與英國議會委員會的報告也持有相同觀點。

然而事實並非如此。1930～1931 年間，全球黃金產量不但沒有下降，反而有 5% 的增幅，達到 4.384 億美元。加拿大開發了大量低等級金礦，印度也成為重要的黃金淨出口國。統計資料顯示，貨幣黃金供給在 1913～1932 年間有持續成長。

究其原因，儘管黃金產量不絕，但由於貨幣政策與法律規定，其實際可用性仍十分有限。美國尤其如此，直到《格拉斯——斯蒂格爾法案》才釋放大量黃金。物價水準的上漲，也令黃金的稀缺性更為嚴重。

英國學者斯特拉科什爵士與美國學者羅傑斯均認為，一戰後賠款與戰爭債務的清償政策，造成黃金日益集中於少數國家，導致全球性的通貨緊縮，從而引發了大蕭條。

綜上所述，1929 年經濟大崩盤的根本原因並非實際黃金供給短缺，而是由於國際金融秩序的失衡失調，以及各國單方面的緊縮政策。黃金本身並非禍首，反而成為受害者。

亨利爵士的分析揭示了 1920 年代末至 1930 年代初一段動盪時期的國際黃金格局。從 1925 年年初到 1927 年年末，除法國和美國以外的其他國家吸納黃金的速度略微超過了整個世界黃金產量的增幅。然而，1929 年年初，一場反常的黃金運動開始了，它使得 1929 年 1 月 1 日到 1931 年 6 月 30 日期間法國的黃金擁有量提高了 76%，美國的黃金擁有量提高了

23%，而世界其他國家（不包括俄國）的黃金擁有量則降低了 15%。這種向法國集中的趨勢一直持續，直到 1932 年 3 月。

在這段期間，美國的黃金持有量從 45.93 億美元減少到 39.85 億美元，降幅達 13%，而法國的黃金持有量則從 22.12 億美元增加到 30.02 億美元，增幅高達 36%。世界其他國家的黃金持有量也有所減少，降幅 1.8%。1932 年 3 月，法國所持有的黃金數量占世界貨幣性黃金總量的 26% 強，而美國的占比約為 35%。

這一現象引起了羅傑斯教授的關切。他認為，黃金在美國聯邦儲備銀行內的大量積聚並沒有使流通中的貨幣變得充足，也沒能使金本位制免受突襲的威脅。相反，當 1931 年秋天美國持有的黃金遭到外流時，銀行家們表示了擔憂。

資料反映了一個明確的趨勢：在經歷了一個特殊時期的黃金風暴後，國際黃金格局發生了劇烈變化，法國和美國的黃金控制力顯著增強，而其他國家卻面臨黃金流失的局面。這種不平衡無疑會對當時的金融體系帶來沉重的壓力。

黃金短缺與大蕭條

疫情背景下的貨幣流通

疫情背景下的貨幣流通

疫情肆虐全球，對當前經濟金融領域產生了深遠影響。其中，貨幣流通數量和速度的變化是值得關注的重要指標。我們可以從 1929 年至 1932 年大蕭條時期的相關資料中，找到一些有價值的對比和啟示。

1929 年至 1932 年是大蕭條時期，當時聯邦儲備系統會員銀行的存款貨幣表現如下：紐約地區從 1929 年 10 月到 1932 年 3 月，貨幣數量下降 13%，流通速度下降 72%，貨幣效率只剩 1929 年的 24%。其他 140 個城市的貨幣數量下降 21%，流通速度下降 44%，貨幣效率下降至 40%。整個 141 個城市的貨幣數量下降 21%，流通速度下降 61%，貨幣效率僅為 31%。

這一時期貨幣流通數量和速度的下滑，是由於銀行大規模破產、通貨緊縮、通貨膨脹等諸多因素造成的。而這些因素在疫情下也同樣出現，對當前貨幣流通產生類似的衝擊。

例如，疫情導致經濟下滑，企業和個人資金流緊張，銀行面臨不良貸款風險加劇，存款數量可能減少。同時，疫情防控措施也限制了人員流動和消費活動，貨幣流通速度也可能下降。這些都會導致貨幣整體效率的下降，對經濟復甦造成障礙。

因此，政府和央行應密切關注當前貨幣流通的變化，及時採取適當的貨幣政策，維護貨幣供給和流通順暢，以緩解疫情對經濟的衝擊。同時也要吸取大蕭條時期的教訓，防範系統性金融風險的發生，為經濟健康發展創造良好的貨幣環境。

股票價格的劇烈波動、商品價格的嚴重下滑以及企業破產率的激增，無疑都是顯示 1930 年代初期美國經濟陷入了一場前所未有的動盪。

1929 年 12 月到 1930 年 4 月期間，股票價格上漲了 20%，似乎並

未預示即將到來的崩盤。然而,接下來的 8 個月內,股票市場卻狂跌了 43.5%。這場驚心動魄的下跌並未止步,到 1932 年 1 月底總計跌幅竟高達 48.8%。

同一時期,商品價格指數的變化也頗為引人注目。1920 年 5 月,該指數達到 167.2 的歷史高點,隨後逐步下降。1922 年 1 月降至 91.4,1925 年 8 月才重返 100.3。此後一直保持在 100 上下的相對穩定水準,直到 1929 年 7 月才開始下滑。在之後的動盪中,商品價格一度大幅波動,反映出經濟陷入了嚴重的困境。

第四個顯著象徵就是企業破產的激增。1919 年是自西元 1890 年以來企業紀錄最好的一年,但隨後情況每況愈下。到 1931 年,破產企業占總企業數的比例達到歷史最高水準,無論是從破產家數,還是從負債總額來看,1931 年都是最糟糕的一年。

這些資料無一不顯示,1930 年代初美國經濟遭受了一場前所未有的災難性衝擊,股票崩盤、商品價格持續下跌以及大量企業破產,無疑都是這場動盪的關鍵表徵。這場經濟危機所造成的破壞性影響,深深地改變了美國社會的面貌,留下了持久的陰影。

[企業破產與銀行破產的不同後果]

銀行業的穩定對於整個社會經濟的運轉至關重要。相比於工業或商業企業的破產,銀行的破產或停業所引發的後果要更為嚴重。這是因為銀行不僅是資金的保管者,也是大多數企業的主要債權人。

以加拿大為例,在經歷了本次經濟危機和大蕭條的衝擊後,該國的銀

行體系依然屹立不倒，沒有一家銀行或分支機構關門停業。這主要得益於加拿大銀行業的強大實力。加拿大有 10 家大型銀行，擁有 4,000 多家分支機構，資金實力雄厚，在過去 22 年裡只發生了三起銀行破產案，負債總額僅 2,780 萬美元。相比之下，美國同期間銀行停業的數量高達 9,541 家，存款額高達 4,347,416,000 美元。

究其原因，加拿大銀行業之所以能夠在危機中屹立不倒，除了資本實力雄厚外，其嚴格的管理監控制度和審慎的業務拓展策略也發揮了關鍵作用。這使得加拿大銀行業免受了美國同胞的重創。

企業所支付的紅利和股息，往往只能部分反映出企業的經營狀況。健康的企業並不會將所有利潤都用於紅利支付，而是會將一部分留作自身發展的資金。而當企業陷入困境時，其能夠持續支付紅利的時間也會大大縮短。因此，光看企業的紅利支付情況並不足以全面了解企業的經營情況。

整體而言，銀行業的穩定對於整個國家經濟的運轉至關重要，銀行的破產危機比一般企業的破產危機後果更為嚴重。加拿大銀行體系的堅韌性值得我們學習和借鑑。

相比之下，企業的淨利潤是標示企業經營狀況的一個較好的指標。紐約的聯邦儲備銀行已經編寫了 500 家公司的季度收益報告，其中包括 163 家工業公司、171 家一級鐵路公司、103 家電話公司及 63 家其他大型公用事業類公司。1931 年的平均值嚴格說來與其他年分的平均值是不能相互比較的。從 1925 年第 3 季度到 1929 年第 3 季度，所有報告企業的淨利潤成長了 41%，而這一指標在 1931 年第 3 季度下滑了 64%，在 1931 年第 4 季度下滑了 15%。電話企業的淨利潤在 1925 年第 4 季度至 1929 年第 4 季度間成長了 41%，而 1931 年第 4 季度則下滑了 11%。其他大型公

用事業類公司的利潤在此期間成長了 52%，但 1931 年第 3 季度卻幾乎下滑了 80%，最近一個季度的利潤有所成長，相較 1929 年第 4 季度下滑了 71%。一級鐵路公司的淨利潤在 1925 年第 3 季度至 1929 年第 3 季度間成長了 11%，到 1931 年第 3 季度則下降了 58%，而到第 4 季度，則相對於 1929 年的峰值水準下降了將近 70%。工業公司的淨利潤在 1925 年第 3 季度至 1929 年第 3 季度間成長了 75%，到了 1931 年第 3 季度則下降了 75%，到第 4 季度更是下降超過 100%，成為負值。

通貨膨脹和過度借貸過分地吹大了企業在 1925～1929 年間的利潤。而始於 1929 年的通貨緊縮和清償行為又使企業利潤極度縮水，在許多關鍵行業，企業利潤甚至轉為負值。這一起伏變化昭示了當時經濟環境的劇烈波動，不同行業的企業也因此經歷了利潤的極度擴張與收縮。

國民收入的轉移與損失

國民收入總額及平均國民收入是衡量消費支出水準的較好指標，但它們卻無法完全反映國民福利狀況，因為無法展現收入分配的情況。過去，不同機構和學者曾對國民收入總額做出各種猜想，雖然只能作為近似值，但卻呈現出驚人的一致性。

以 1913 年美元計算的實際國民收入資料顯示，1917 年曾達到峰值，此後一度下降。1920 年和 1921 年的蕭條雖然造成了一定損失，但影響並不太大，平均每人購買力僅下降 3-4%。而本次大蕭條卻造成了更為嚴重的打擊，1931 年的平均每人購買力相比 1929 年峰值時下降了 25%，並仍在持續走低。

疫情背景下的貨幣流通

　　分析指出，相比於過去的蕭條，大蕭條轉移財富和收入所有權的力度更大，截至目前已摧毀了約34%的貨幣收入或25%的實際國民收入。雖然實際財富損失無法準確猜想，但工廠設備的惡化已經讓人感到嚴重。

　　這突顯了大蕭條不僅轉移了財富和收入的所有權，而且也摧毀了實際的經濟基礎。單純依靠國民收入總額和平均收入指標無法全面了解國民福利的變化，更需要關注收入分配和實際財富狀況的變化。只有深入了解蕭條造成的實質性損失，才能制定出更有針對性的應對政策。

　　在這個艱難的時刻，農民的處境可謂雪上加霜。即使在1920～1922年的蕭條中倖存下來，他們也未能完全恢復。農業狀況自1926年起開始惡化，而罪魁禍首正是農產品價格的下滑。

　　這一下滑並非單一原因所致，而是多方因素所導致。美國、加拿大、澳洲、阿根廷等國家農產品產量的增加，加上全球陷入債務和經濟蕭條的嚴重影響，導致農產品消費萎縮，從而造成價格持續下跌。到了1929～1931年間，農業更成為貨幣升值的犧牲品。

　　美國農業部的資料顯示，從1929年10月到1932年1月，農產品價格下跌高達55%，而農民所需的其他商品價格則僅下跌22%。這意味著，農民手中的每一美元所能購買的商品價值，已減至1909～1915年間水準的一半多一點。對於在1929年簽下借貸合約的農民而言，如今要償還的債務已高達原額的2.25倍。

　　按照農業部的統計，1929年的農業總收入為118.51億美元，1930年降至93.00億美元，到了1931年更是僅有69.20億美元——僅僅兩年時間，農民的美元收入就減少了42%。

　　雖然實際農產品產量有所增加，但這並未能為農民帶來任何喜訊。相

反，他們像是在大蕭條時期的萬劫不復之中，飽受著收入持續下滑的痛楚。在這樣的逆境中，農民無疑成為主要的受害族群，僅次於失業人群。這無疑是一場農民的悲歌。

［美元購買力的不斷下滑與農業大蕭條］

農產品物價指數和農民所支付的零售價格資料顯示，在大蕭條時期，農民所持有的商品美元購買力遭受了嚴重損失。這些資料來源於美國農業部的季度報告，為我們呈現了一幅令人震驚的農業大蕭條景象。

農民所得到的美元數量不斷減少，而支付的零售價格卻不斷上升，這樣一來，統計資料就呈現出農業大蕭條的嚴峻局面。破產和不履行責任而導致的通貨緊縮和清償行為，在農業領域的表現更為明顯和嚴重，遠超其他任何大型工業集團。

從 1924 年開始，美國農業部開始報告農業總收入的資料。這些資料進一步證實了農民所面臨的困境：生產、貿易和就業等各個領域都遭受重創，農民的總收入大幅下降，而支出卻難以壓縮，可投入於資本、勞動力及管理方面的收入餘額也大幅減少。

此外，企業利潤的情況也不容樂觀。百貨商店業的銷售額於 1929 年 9 月達到最大值，之後一直下滑，到 1932 年 1 月已下降了 30%，而商品銷量似乎僅下滑了 18%。這說明名義銷售額的下降遠大於實際商品銷量的下跌，這主要是由於美元的升值所致。

總之，這些資料生動地描繪出了大蕭條時期農業領域所遭受的嚴重打擊，農民的美元購買力遭到重創，總收入銳減，整個行業陷入了深重的危

疫情背景下的貨幣流通

機之中。這是一幅令人心痛的農業大蕭條圖像。

在 1920 年代中後期的繁榮時期，美國經濟呈現蓬勃發展的態勢。聯邦儲備委員會和各地儲備銀行編制了多項反映經濟動態的指數，如鐵路貨運運輸總量指數、零擔貨運指數、工業生產指數等，都清晰地記錄下了這一時期的經濟成長。

以 1923～1925 年為基期的鐵路貨運運輸總量指數，從 1922 年 5 月的 78 上升至 1929 年 6 月的 108，上漲幅達 38%，反映了鐵路運輸的繁忙。而零擔貨運指數也從 1922 年 12 月的 90 上漲到 1929 年 10 月的 104，漲幅達 14%，更好地代表了零售貿易的蓬勃景象。

在工業生產方面，綜合指數從 1921 年 4 月的 65 上升到 1929 年 6 月的 125，上漲達 91%，製造業生產指數更是從 63 上升到 109，上漲幅度高達 105%，採礦指數也從 71 上升到 118，上漲 66%，無一不展現出那段時期強勁的經濟成長。

然而，好景不長。隨著 1929 年股市崩盤，這些經濟指標隨即陷入下滑。鐵路貨運指數從 1929 年 6 月的 108 下跌至 1932 年 1 月的 64，跌幅達 41%；零擔貨運指數也從 1929 年 10 月的 104 下跌至 81，跌幅 22%。工業生產綜合指數在兩年內下跌 46%，從 125 降至 67，製造業生產指數更是從 109 下降至 64，跌幅高達 50%，採礦指數也由 118 下滑至 84，跌幅 29%。

這些資料清楚地記錄了蕭條時期經濟的急遽衰退。從高峰迅速陷入谷底，反映了這段歷史上美國經濟的劇烈波動。聯邦儲備委員會和各地儲備銀行編制的這些經濟指數，為我們提供了一幅清晰的經濟景氣變化圖像，可以更容易理解那個時期的經濟走向。

[建築與生產的興衰循環]

建築與建造是最重要的生產活動之一。經濟指標如《美聯儲公報》中的建築合約價值指數，能夠反映出建築業出現的異常波動。1921 年 2 月至 1928 年 6 月，建築業綜合指數上漲幅度高達 223%，顯示了當時建築行業的興旺。但隨後卻在 1932 年 3 月跌至僅 26 的極低點，較高峰時下跌了 81%，甚至低於 1921 年的最低點近 40%。住宅建築的波動更加劇烈，從 1921 年 4 月的 24 飆升 492% 至 1928 年 2 月的 142，隨後下跌 90% 至 1932 年 3 月的 15。

就業和薪資支出總額指數是生產活動和薪資情況的重要指標。工廠整體就業指數在 1923 年 6 月達到高峰 106.4，較 1921 年 7 月的低點 80.4 上升 28%，但此後一直下滑，到 1932 年 3 月跌至 66.4，比 1929 年高點低了 36%。工廠薪資支出總額指數也呈現類似走勢，在 1929 年 9 月達到最高值 112，此後一路下滑至 1932 年 3 月的 52.3，跌幅高達 54%。

鋼鐵、機械、紡織、木材等行業的生產、就業和薪資指數變化尤為劇烈。例如鋼鐵業的生產指數在 1921 年 7 月為 30，到 1929 年 6 月飆升至 155，成長 5 倍以上，隨後卻下跌 40% 至 1932 年 3 月的 60.9。薪資支出總額指數也從 1921 年 7 月的 37.4 暴漲至 1929 年 5 月的 111.6，隨後一路下滑 68% 至 1932 年 3 月的 35.4。汽車業的生產指數更是從 1921 年的 26 暴增至 1929 年的 166，成長 6.5 倍，隨後卻又大跌 83% 至 1932 年 3 月的 28。

這些指標反映了建築業乃至整個實體經濟在經濟波動中的劇烈起伏。在過往的經濟蕭條中，建造行業曾經扮演了帶動經濟復甦的關鍵角色。然而這次蕭條卻使其成為加速經濟衰落的罪魁禍首。企業和就業的急遽萎

疫情背景下的貨幣流通

縮，敲響了嚴峻經濟危機的警鐘。

經濟大蕭條期間，各行業的生產指數雖然低於繁榮時期，但大都仍高於 1921 年的最低點。這顯示雖然整體經濟遭受重創，但部分行業仍保持一定的生產水準。

不過，就業指數和薪資支出總額指數卻相對較低。食品業和製造業整體的就業指數要低於 1921 年的低點，而各行業的薪資支出總額指數除了少數行業外，大都低於 1921 年。這反映了就業和收入的下滑對整個經濟造成沉重的打擊。

債券市場的變動情況也值得關注。長期利率的下降和債券風險性的增加導致債券價格出現明顯波動。政府債券和企業債券的物價指數走勢迥然不同，反映了投資者對不同信用級別債券的偏好發生變化。

貨幣數量方面，1930 年上半年定期存款有所增加，而活期存款卻減少，顯示人們傾向於保持更為審慎的資金管理策略。

整體而言，經濟大蕭條時期各項統計指標都反映了經濟活動整體的大幅萎縮，失業和收入下滑成為當時最為嚴峻的問題。債券市場的波動也成為投資者關注的焦點。政府和央行的應對措施能否扭轉經濟下滑趨勢，仍是當時備受關注的重大問題。

［美國貨幣流通的年度波動］

流通中的貨幣（名義上的）正常來講，每年 12 月底到次年 1 月底這段時期內，美國「流通中的貨幣」總量會突然減少。從 1926 年 12 月到 1930 年 12 月，貨幣總量呈現出一個緩慢減少的趨勢，1930 年 12 月的數字是

美國貨幣流通的年度波動

49 億美元，比 1926 年 12 月減少了 16%。1930 年「流通中的貨幣」數量非常少，在 8 月分觸及了 44 億美元的低點，隨後開始飆升，直到當年 12 月。

1931 年，儘管流通中聯邦儲備銀行券的數量大幅增加，但價格的深度下跌所造成的蕭條效應卻依舊在持續著。聯邦儲備銀行券的增加主要是由於銀行的破產而造成的，因為銀行破產使得人們不再使用銀行的支票，取而代之轉為使用現金。1931 年 12 月，「流通中的貨幣」總量達到了 56.5 億美元，比 1930 年 12 月增加了 16%，比 1931 年 4 月增加了 22%。聯邦儲備銀行券的流通量增加了 80%，從 1931 年 2 月的 14.6 億美元增加到 1931 年 12 月的 26 億美元。

從貨幣流通速度指數來看，紐約地區的情況更為明顯。從 1929 年 10 月到 1932 年 3 月，貨幣數量減少了 13%（從 57.52 億美元減少到 49.59 億美元），貨幣流通速度下降了 72%。這導致貨幣的效率（87%×28%）只有 1929 年 10 月的 24%。可見當時經濟衰退對貨幣流通的嚴重影響，美國人對現金的依賴度大幅增加。

整體而言，美國貨幣流通呈現出明顯的年度性波動特徵，12 月至次年 1 月為高峰期，8 月為谷底。1930 年代初，經濟大蕭條的衝擊導致貨幣流通迅速收縮，使得貨幣利用效率顯著下降，反映出當時美國經濟面臨的重大困境。

流通中的貨幣量每年 12 月底至次年 1 月底期間都會出現突然減少的情況。從 1926 年到 1930 年的 12 月分，流通中的貨幣呈現逐年緩慢下降的趨勢，1930 年 12 月只有 49 億美元，比 1926 年減少了 16%。1930 年 8 月達到了歷史低點 44 億美元，隨後又開始回升，至年底達到 56.5 億美元，比 1930 年增加了 16%，比 1931 年 4 月增加了 22%。

疫情背景下的貨幣流通

　　造成這一週期性變化的主要原因是聯邦儲備銀行券的流通量上升。1931年聯邦儲備銀行券流通量大幅增加80%，從1931年2月的14.6億美元增加到1931年12月的26億美元，主要是由於銀行大量破產導致人們放棄使用支票，轉而使用現金所致。

　　與此同時，1929年10月至1932年3月，紐約地區會員銀行的存款貨幣數量下降13%，貨幣流通速度下降72%，導致貨幣效率只剩1929年的24%。其他140個城市情況更差，貨幣數量下降21%，流通速度下降44%，貨幣效率下降至40%。整個141個城市會員銀行的情況也是如此，貨幣數量下降21%，流通速度下降61%，貨幣效率僅剩31%。這些資料清楚地反映出了1929年大蕭條期間金融市場的投機和崩盤。

　　股票價格方面，從1929年12月27日到1930年4月10日曾經上漲20%，但此後一直下跌，到1932年1月底累計下跌了48.8%。股市的極大波動也加劇了當時的經濟衰退。

　　整體而言，1929年至1932年期間流通中貨幣的週期性變化，以及存款數量、流通速度和股市價格的劇烈波動，都反映了這一時期美國金融市場的極大動盪，這些因素共同導致了大蕭條的爆發和持續。

[大蕭條下的貨幣流通失衡]

　　在經濟大衰退的時期，貨幣流通的失衡為美國帶來了極大的危機。從1929年10月到1932年3月，除紐約外的其他140個城市，貨幣數量減少了21%，流通速度下降了44%，貨幣的效率僅為1929年的40%。包括紐約在內的141個城市會員銀行，從1921年10月到1932年2月，貨幣數

大蕭條下的貨幣流通失衡

量減少了 21%，流通速度下降了 61%，貨幣效率只有 1921 年的 31%。這種貨幣流通的失衡，嚴重打擊了經濟的運轉。

股票價格的劇烈波動也加劇了經濟的不確定性。從 1929 年 12 月 27 日到 1930 年 4 月 10 日，股票價格上漲了 20%，但從 1930 年 4 月 10 日到 1930 年 12 月，卻下跌了 43.5%，此後一直持續下跌，到 1932 年 1 月底，共下跌了 48.8%。商品價格指數方面，1920 年 5 月達到最高值 167.2，後來經歷了起伏跌宕，直到 1929 年 7 月左右才趨於相對穩定。

企業淨值和破產情況也反映出經濟危機的嚴重程度。1919 年是自西元 1890 年以來企業破產紀錄最好的一年，但從那以後一直到現在，企業破產的趨勢卻是日益惡化。1931 年是情況最為糟糕的一年，無論是從破產企業的數量、負債額還是所占百分比來看，都創下了歷史最高紀錄。

銀行業的動盪更是令人堪憂。銀行的破產或止付，對整個經濟的打擊要遠大於工商企業的破產。與之相比，同期加拿大的銀行系統表現得要強大得多，在 22 年內僅發生了 3 起銀行破產案，負債總額才 2,780 萬美元。

這些資料描繪了大蕭條時期貨幣、金融、企業等多方面的失衡和崩潰，使得整個經濟陷入了深重的危機。如何應對和化解這場經濟大災難，成為當時政府和決策者面臨的重大挑戰。

整個 1920 年代末至 1930 年代初，美國社會經歷了重大的經濟動盪。從 1921 年到 1931 年的 10 年間，共有 9,541 家銀行被迫止付，這些銀行的總存款額高達 4,347,416,000 美元。這一資料足以反映出當時的嚴重經濟危機。

導致銀行大量停業的原因是多方面的。一方面，通貨膨脹和過度借貸使得企業在 1925～1929 年間獲得了超乎尋常的利潤，但這種虛假繁榮很

疫情背景下的貨幣流通

快就被 1929 年後的通貨緊縮和大清算所取代，許多企業利潤出現暴跌，甚至轉為負值。另一方面，企業紅利和股息的下滑也直接影響了消費者的購買力，引發了經濟的下行。

以紐約聯邦儲備銀行的資料為例，1925 年第 3 季度至 1929 年第 3 季度，500 家報告企業的淨利潤成長了 41%，但到 1931 年第 3 季度卻下滑了 64%，第 4 季度更下降了 15%。電話企業和公用事業公司的利潤成長情況也類似，在 1929 年至 1931 年出現了大幅下跌。一級鐵路公司和工業公司更是慘不忍睹，利潤分別下降了 58% 和 75% 以上。

與企業利潤的變化趨勢相呼應，國民收入總額和國民平均收入也出現了下滑。國家經濟研究局等機構的資料顯示，以 1913 年美元計算，1929 年的國民收入總額為 831 億美元，而到 1931 年卻降至 660 億美元，國民平均收入也由 1929 年的 662 美元下降到 553 美元。

總之，1920 年代後期的過度擴張和投機導致了企業利潤的虛增，但隨後 1929 年的經濟危機卻又使得這些利潤迅速蒸發，銀行大量破產，消費者支出大幅萎縮，國民收入整體下降，陷入嚴重的經濟衰退之中。這一連串的變化足以反映出當時社會的重大動盪和不確定性。

［ 美國農業悲歌 ］

1929 年至 1931 年，美國經歷了一場前所未有的經濟大蕭條。這個時期，國民收入下降，購買力大幅縮水，而農民卻成為主要受害者。

統計資料顯示，以 1913 年美元計算的實際國民收入總額在 1917 年達到高峰，此後開始下滑。1920 年和 1921 年的經濟危機僅造成國民收入 7.5

億美元的實際損失，每人平均下降 12 美元。而這次大蕭條的影響則更為嚴重，造成國民收入下降 25%，相當於損失 340 億美元。實際財富的損失更是無法估算，但工廠和設備的狀況已經大幅惡化。

農民再一次成為主要受害者。1920 年代初期，農業尚未從上一次蕭條中完全恢復。隨後，由於全球農產品供給的增加以及債務和蕭條導致的需求萎縮，農產品價格持續下滑。1929 年至 1932 年，農產品價格下降 55%，而農民購買的其他商品價格僅下降 22%。這意味著，1932 年 1 月，農民用同等數量的「商品美元」所能買到的商品，只相當於 1909 年至 1915 年間的一半多一點。對 1929 年簽訂債務合約的農民來說，如今償還的債務已相當於原始債務的 2.25 倍。

在大蕭條的衝擊下，農民遭受了沉重的打擊，財富和收入所有權的重大轉移，使他們陷入了前所未有的困境。這不僅反映了經濟危機對社會各階層造成的深重影響，也折射出農業在當時經濟中的脆弱地位。

根據美國農業部的統計資料，1929 年的農業總收入為 118.51 億美元，1930 年下降到 93.00 億美元，到了 1931 年更僅剩 69.20 億美元。換言之，在短短兩年內，農民的美元收入減少了 42%。雖然大部分農產品的實際產量是增加的，但價格持續下跌。

農民所支付的零售物價指數顯示，他們為生產和生活而使用的商品的價格並未隨之下降。相反，這些商品的價格維持較高水準。因此，農民所持有的商品美元購買力大幅下降，加上收入減少，使農業陷入了一個不堪設想的困境。

進一步分析顯示，由於破產和不履行責任而導致的通貨緊縮和清償行為，農業遭受的損失比其他任何大型工業集團都要更為嚴重。

對於農民來說，這是艱難的時期。他們既面臨著收入大幅下降，又承受著生活成本居高不下的雙重打擊。這一蕭條景象，無疑將在農村地區掀起一波又一波的社會動盪。

［沉重的農業蕭條］

隨著美國深陷經濟大蕭條的泥沼，農業部門也陷入了嚴重的困境。根據美國農業部的資料，1929 年的農業總收入為 118.51 億美元，到了 1931 年則僅為 69.20 億美元，兩年內減少了 42%。儘管大部分農產品的實際產量有所增加，但是由於價格劇烈下跌，農民所得卻大幅縮水。

這一局面的形成，與當時的經濟環境密切相關。農民為生產和生活所支付的零售物價指數，在 1929 年至 1931 年期間均呈下降趨勢。這意味著，農民所購買的各類商品變得更加便宜，而他們自己的產品價格卻大幅下滑。這樣，即使農民實際生產有所增加，但因收入銳減，他們的購買力也受到了極大的打擊。

這種矛盾局面的根源，在於整個社會經濟陷入了嚴重的通貨緊縮和清償行為。金融市場的崩盤，導致了資金的緊縮和資產的大規模清算，使得各行各業的營收都遭受重創。相比之下，農業行業的情況更為慘烈，因為其面臨著雙重夾擊：一方面，產品價格大跌；另一方面，他們所支付的各類商品價格也難以承受。

這種農業大蕭條的景象，與其他工業領域的利潤情況形成了鮮明對比。在整體經濟大幅下滑的情況下，大企業的利潤卻未受到太大影響。這進一步突顯了農業所面臨的嚴峻挑戰，他們既要承擔價格的暴跌，又要支

付高昂的生活和生產成本，陷入了雪上加霜的困境。

面對這一嚴峻形勢，政府和社會各界都需要高度重視農業的處境，制定有效的救助政策，幫助農民度過難關，共同維護國家經濟的基石。只有如此，才能確保社會各階層共同分擔經濟蕭條的代價，走向共同富裕。

在 1929 至 1932 年間的大蕭條中，美國在生產、貿易和就業方面遭受了嚴重打擊。百貨商店的銷售額雖有所下降，但由於大型百貨店併購了許多規模較小的商家，使得行業整體銷售額的減幅有所緩解。美元升值也使得名義銷售額下降幅度大於實際商品銷量的下滑。

聯邦儲備委員會和各大儲備銀行編制的許多相關指數，如鐵路貨運運輸總量指數、零擔貨運指數等，清楚地反映出了這一時期貿易活動的起伏。鐵路貨運總噸數從 1922 年 5 月的 78 上升到 1929 年 6 月的 108，隨後卻在 1932 年 1 月跌落至 64，下跌幅度達 41%。零擔貨運指數也從 1922 年 12 月的 100 上升到 1929 年 10 月的 104，其後一路下跌至 1932 年 1 月的 81，跌幅達 22%。這些指標清楚地顯示了貿易活動在這一時期的劇烈波動。

另一方面，通過巴拿馬運河的月均貨物噸數也經歷了大起大落。它從 1925 年的 197.5 萬噸增加到 1929 年的 262.1 萬噸，但到了 1931 年則降至 86.4 萬噸，降幅高達 67%。到了 1932 年 1 月，這一數字更是跌至 65.2 萬噸，較 1929 年 1 月的 285.9 萬噸少了 77%。這清楚反映了國際貿易在這一時期的嚴重收縮。

儘管面臨極大的困難，但美國經濟最終還是走出了蕭條，迎來了復甦。這不僅得益於政府的積極干預，企業自身的創新和調整也功不可沒。我們必須清醒地了解到經濟波動的規律，採取有效措施來應對未來可能出現的危機，確保經濟社會的持續健康發展。

疫情背景下的貨幣流通

[經濟指標的起起伏伏，見證美國的繁榮與蕭條]

《美聯儲公報》所公布的各項經濟指標，為我們描繪出了二十世紀初期美國經濟的起起伏伏。自1921年4月低點65攀升至1929年6月高峰125的91%，再隨後兩年三個季度大幅下挫46%至67，製造業和採礦業的指數也出現了類似的劇烈變化。

建築業的指數更是起伏更加劇烈。從1921年2月的最低點43，一路飆升223%至1928年6月的峰值139，之後便陷入了81%的慘烈下滑，直到1932年3月僅剩26，甚至低於了1921年的谷底。住宅建築的指數變化更加極端，從1921年4月的最低24一路飆升492%至1928年2月的142，隨後又下跌90%到15，1932年3月的指數竟比起初低點還低38%。

這些起起伏伏的指數，確實見證了美國在這段時期的經濟軌跡。從1920年代中期的持續繁榮，到1929年股災後的長期蕭條，經濟動盪的景象一覽無遺。這些指數不僅反映了當時經濟的客觀情況，也折射出社會與民眾生活的變化。我們可以從中體會到美國這段時期歷經的興衰起伏，以及人們生活上的喜與憂。或許，從這些資料中，我們也能找到一些啟示，以應對今後可能再次出現的經濟挑戰。

在過去幾次經濟蕭條中，建造行業一直是經濟走出谷底的關鍵力量。然而，這次大蕭條卻是一個例外。它不僅無法扮演挽救經濟的角色，反而成為加重蕭條程度、延長蕭條時間的罪魁禍首。

就業和薪資支出總額是判斷生產活動和薪資水準的重要指標。聯邦儲備委員會根據美國勞工統計局的就業資料，經過季節調整和基期修正，編制了相關指數。這些指數無法完全涵蓋小企業和新興行業，因此在工業變

革期可能會有所偏差。

工廠就業指數從 1921 年 7 月的低點 80.4 開始上升，於 1923 年 6 月達到高點 106.4，並在 1929 年 7 月重返 102.8 的次高水準。然而此後便一路下滑，到 1932 年 3 月跌至 66.4，相比 1929 年高點下跌了 36%，甚至比 1921 年低點還低了 17%。

同樣，工廠薪資支出總額指數也先是從 1921 年 7 月的低點 72.2 上升至 1929 年 9 月的高點 112，增幅達 56%。之後便一路走低，到 1932 年 3 月跌至 52.3，相比高點下跌 54%，比 1921 年低點還低 22%。

建造業的起起落落，寫就了大蕭條這一段經濟悲歌。它曾經是拯救經濟的關鍵，如今卻成了拖累。資料的起伏折射出經濟劇變的軌跡，折射出企業和勞工深陷其中的艱辛命運。這些資料或許存在一定偏差，但卻清晰地描述了建造業在大蕭條中的曲折命運，為我們透視那個時代提供了一扇窗。

生產、就業與薪資的波動歷程

在 1920 年代，美國經濟發展高速，但其中仍出現了一些值得關注的問題。從生產、就業和薪資支出總額的指數資料來看，不同行業之間存在著明顯的差異。

鋼鐵、機械、紡織、木材和木製品等行業，尤其是汽車行業，表現尤為嚴重。鋼鐵業的生產指數從 1921 年 7 月的 30 上升至 1929 年 6 月的 155，成長了 5 倍多。就業指數也從 1921 年 7 月的 54.5 上升到 1929 年 8 月的 101.4，上升了 86%，但後來又下跌了 40%，直至 1932 年 3 月

的60.9。薪資支出總額指數從1921年7月的37.4上升到1929年5月的111.6，近乎翻了一倍，但之後一路下滑到1932年3月的35.4，下跌了68%。

有趣的是，1932年各行業的生產指數都高於1921年的最低點，但食品業和製造業整體的就業指數卻略低於1921年。各行業的薪資支出總額指數大都低於1921年，除了造紙、印刷業和汽車業。

各行業在1921年出現最低點的月分和1929年出現最高點的月分並不一致。比如，汽車業生產指數從1921年最低點的26上升到1929年的166，成長了近6.5倍，但之後卻又一路下滑到1932年3月的28，下降了83%。

整體而言，1929年至1932年期間，工業生產指標和就業指標出現了明顯的波動和下滑，展現了當時經濟的不景氣。尤其是汽車行業的動盪表現最為突出。這些資料反映了那段時期工業經濟的困境。

［利率，投機狂熱與投資險境］

利率的變動往往反映了經濟基本面的變化。通知貸款對經濟環境的變化最為敏感，1929年高利率的出現，正是人們投機需求膨脹的側影。這種投機狂熱，與經濟繁榮時期普遍存在的樂觀情緒不謀而合。

債券價格的變動，則一方面反映了長期利率的波動，另一方面也折射出投資者對風險的認知變化。在不同的經濟環境下，投資者對於各類債券所蘊含的風險的評判存在差異。

為了得出某一時期的「實際」利率，需要考慮美元升值的影響。1929

年至 1932 年間，美元升值幅度達 53%，到 1932 年 6 月第三週更是升值 62%。這意味著，在名目利率不變的情況下，由於美元實際購買力的提高，實質利率水準有所下降。因此，要真正評估利率水準的變動，必須剔除匯率因素的影響。

整體而言，利率的動態變化，折射出了經濟循環中投機熱情的起伏，以及投資者風險偏好的變化。洞悉利率變動的背後邏輯，有助於我們深入理解經濟週期的運作機制，並為投資決策提供有益參考。

疫情背景下的貨幣流通

穩定經濟、恢復信心：
全套經濟穩定計畫

穩定經濟、恢復信心:全套經濟穩定計畫

　　這份經濟穩定計畫旨在為整個經濟體系提供及時有力的政策支援,應對各種可能出現的經濟困境。其核心內容如下:

　　1. 成立經濟穩定委員會

　　—— 委員會成員包括聯儲主席、總審計長、各聯儲銀行代表,以及 4 名任期不等的其他成員

　　—— 委員會負責制定和監督計畫的實施,選舉主席

　　2. 財政部協助運作

　　—— 財政部部長按照委員會的授權和指示,管理 3% 的美國政府短期債券

　　3. 債券分配與存款交換

　　—— 委員會將債券按各銀行存款額進行分配,銀行提供同額存款

　　—— 這些存款與債券具有相同利率,不會產生任何開銷

　　4. 存款限制

　　—— 存款只能在一年到期或經委員會批准後才能提領

　　5. 債券轉讓

　　—— 這些債券屬於銀行所有,可以被轉售或抵押給聯儲銀行

　　6. 債券回購

　　—— 委員會承諾隨時以票面價格回購這些債券

　　—— 這將改善銀行流動性,促進貸款投資增加,推動經濟復甦

　　整體而言,這一全套計畫旨在迅速增強大眾和市場的信心,為經濟注入穩定劑,度過當前危機。透過靈活運用政府債券和存款機制,可以有效緩解銀行流動性風險,支持企業和消費者共度難關,最終實現經濟的全面復甦。

[貨幣政策與經濟穩定的平衡之道]

在這個動盪的經濟環境中,穩定物價水準和維持銀行體系健康成為當務之急。委員會提出了一系列應對措施,透過電報迅速改善銀行的頭寸狀況,並在債券發行前實現穩定。當物價回到法定標準後,委員會將繼續透過增減債券數量等反向操作,與聯邦儲備系統密切配合,必要時還須與外國央行合作,共同維護經濟穩定。

聯邦儲備系統在這一過程中發揮著關鍵作用。它將運用公開市場操作、調整再貼現率、信用配給、調節黃金儲備率等多種政策工具,並與銀行界及國際清算銀行保持緊密溝通,統籌運用各方資源。同時,聯邦儲備系統還將加強對大眾的宣傳解釋,確保其政策舉措得到廣泛理解和支持。

這些舉措雖然艱難,但卻勢在必行。經濟復甦面臨重重挑戰,唯有貨幣政策與財政政策並舉,才能共同推動經濟重回正軌。我們必須以開放、合作的態度,在穩定中尋求發展,為國家和人民的利益而努力。只有這樣,我們才能度過眼前的難關,共創更加繁榮的明天。

聯邦儲備系統擁有廣泛的權力來管理國家的貨幣政策和黃金儲備。無論何時,只要聯邦儲備系統所持有並可以出售的證券被認定接近於枯竭的水準,它都有權在公開市場上發行並銷售新的計息債券。這些債券的數量、到期日和利率由聯邦儲備系統自行決定。所有由此產生的淨利潤和損失將由美國政府承擔,利潤上繳財政部,損失由財政部彌補。

如果聯邦儲備系統認為黃金儲備率太接近於規定的下限,它可以根據《聯邦儲備法》的條件降低聯邦儲備銀行的法定最低儲備要求。相反,如果認為法定最低黃金儲備率太低,聯邦儲備系統也有權提高法定最低儲備率。

在其他得到授權的方法沒有明顯效果的前提下，委員會可以調整黃金的官方牌價來影響黃金儲備率。如果黃金儲備太接近下限，可以提高官方牌價；如果太高，則可以降低官方牌價。

為了防止投機者利用委員會、聯邦儲備系統或政府獲取暴利，在黃金價格發生變動時，委員會有權在買進和賣出價格之間臨時引入一個價差。無論價格是上漲還是下跌，只要金價出現變化，這個價差都會出現。這是為了阻止投機客透過傳播金價可能變動的謠言而獲利。

整體而言，聯邦儲備系統擁有廣泛的權力來管理國家的貨幣政策和黃金儲備，以維護美國經濟的穩定和健康發展。它可以透過調整債券發行、儲備率和黃金價格等方式來實現這一目標。

［黃金買賣管制下的價格穩定策略］

政府對黃金的買賣施加了特殊的管制措施，旨在防止投機行為對於整個經濟秩序造成損害。美國財政部、各鑄幣廠、金屬化驗辦公室等機構被授權，必須按照聯邦儲備系統使用的價格收購和出售黃金。這與普通買家賣家的目的不同，政府的目的是維持黃金價格穩定，而非謀求利潤。

只有當黃金價格波動足以影響儲備率，並需要對物價水準進行調整時，經濟穩定委員會才會行使權力。一般情況下，只要每盎司純金 20.67 美元的當前價格標準能夠維持物價水準的穩定，這個價格就不會發生變動。但是，如果保持這一價格無法實現物價穩定的目標，委員會就必須採取相應的調整措施。

政府既負有維持物價穩定、保持法定黃金儲備的職責，人們就不應該

苛責他們「必須保持黃金價格穩定」這一說法。調整黃金價格的目的，是為了更好地實現防止通貨膨脹和通貨緊縮的目標，這並非放棄金本位制，而只是重新評估黃金的購買力。只要沒有出現實質性的通貨失衡，每盎司 20.67 美元的當前價格或許會長期維持。除非必要，否則黃金價格在多年內很可能無須進行任何調整。

政府對黃金買賣價格的管控，是為了捍衛整個經濟體系的穩定。只要時刻關注價格對整體物價水準的影響，適時做出必要調整，這一策略就能有效發揮其作用，維護美元的購買力和經濟的健康運轉。

金本位制是一種貨幣制度，它使得貨幣的價值直接依附於黃金的價值。這種制度已經歷經了數百年的發展，一直被認為是維護貨幣穩定的最佳方式。然而，要維持一個完美的金本位制並非易事，需要對黃金價格進行適度的調整，以避免出現通貨膨脹或通貨緊縮的問題。

那些固守每盎司 20.67 美元這一神聖數字的人，可能無法理解金本位制所需的彈性調整。事實上，黃金價格的暫時調整，恰恰是為了維護金本位制的主要目標——保持貨幣穩定。這種調整並非是任意的貶值，而是一種必要的措施，用以消除通貨膨脹和通貨緊縮所帶來的週期性不利影響。

與法國和義大利近年來的重新估值不同，這種黃金價格的調整不是為了應對戰時通貨膨脹後的回歸金本位。相反，它是為了確保金本位制在任何情況下都能永續存在。只有在必要時，才會調整黃金價格，以協助其他政策工具實現防止通貨膨脹或通貨緊縮的目標。

金本位制之所以如此重要，正是因為它在某種程度上可以預防通貨膨脹的發生。那些脫離了金本位制，發行不可兌現紙幣的國家，往往會陷入

通貨膨脹的困境。因此，嚴格遵守金本位制並適度調整黃金價格，對於維護貨幣穩定至關重要。只有這樣，金本位制的所有優點才能得以保留，其週期性缺點也能得到有效避免。

［金本位制與通貨膨脹的雙重防禦］

僅依靠單一措施是無法全面防範通貨膨脹的。以美國過去的歷史為例，西元 1896～1920 年間曾因黃金引發過嚴重的通貨膨脹。而且金本位制對於通貨緊縮也無太大防衛作用，英格蘭就曾為脫離金本位制以應對通貨緊縮的困擾。

不過，對於當前的美國來說，無須效仿英格蘭而放棄金本位制。事實上，美國有望擁有一種既能防通貨膨脹、又能防通貨緊縮的金本位制。這種金本位制與真正的購買力本位制非常相似，對於債權人和債務人來說都是公平的。

也許我們不需要一直調整黃金價格，但一旦有必要調整，調整方向一定是有利於經濟而非有害的。當黃金稀缺而價格理應上調時，我們才會調高其價格；相反，只有在黃金過剩、價格應下調時，我們才會降低其價格。

調整黃金價格會自動提升儲備率，具體來說有兩種方式：

1. 刺激黃金持有者向聯儲系統出售黃金，同時抑制購買黃金的企圖。
2. 提高聯儲銀行黃金儲備的美元價值。

比如，如果黃金價格上調 1%，原價值 20.67 億美元的 1 億盎司黃金儲備就會增值 2,067 萬美元，作為利潤計入聯儲銀行帳目。

透過這種與商品購買力掛鉤的金本位制，美國可以同時防範通貨膨脹和通貨緊縮，保持經濟的健康穩定發展。

相反，無論何時，只要黃金價格被下調，聯邦儲備系統都能透過兩種方式自動降低儲備率：一是抑制黃金持有者向其出售黃金，同時鼓勵他們購入黃金；二是降低金庫中所儲黃金的美元價值。這種損失當然也要記入聯邦儲備銀行的帳目中。在這個計畫下，不論是抗通縮還是抗通脹，穩定經濟委員會都擁有無限的權力。它的購買力幾乎是無窮無盡的。當它運用這股購買力時，不僅會提高它所購入商品和證券的價格，還會推高大量其他商品和證券的價格。這不只是因為證券具有連鎖反應的性質，更是因為這種購買力一旦啟動，其影響很難停止。接收到這筆購買力的人會購買其他證券和商品，進而推高它們的價格，如此循環，形成無限傳遞。

這種新的購買力並非源自他處，而是全新創造的流通媒介，與個人消費完全不同。個人消費所花的錢在被他們得到之前就已存在流通中了。而聯儲發行的銀行券和其他信用形式都是新增的，純屬淨增加的流通媒介。這種新媒介會持續提高國家每年的整體購買力水準，直到被收回。

為了說明聯儲這種購買力在維持物價水準方面的不可一世，讓我們假設現在正有一波席捲全國的銀行擠兌和貨幣囤積潮，導致流通媒介大量流失。但不管失血有多嚴重，失血速度有多快，都能以同樣的速度補回：聯儲可以透過購買自身發行的證券向市場注入聯邦儲備銀行券，也可動用存款餘額支付。只要黃金價格被及時上調，就無須降低儲備率。若行動夠迅速，甚至可以完全避免出現囤積行為，因為囤積行為是通縮的結果。即使出現了囤積，強而有力的行動也能抵消其後果。總之，在這套體系下，穩定經濟的可能性是無窮無盡的。

穩定經濟、恢復信心：全套經濟穩定計畫

［提高黃金價格穩定美國通貨］

在經濟面臨通貨膨脹壓力的情況下，美聯儲擁有無限制調整黃金價格的能力，這可以有效遏制外國黃金輸入對本國貨幣政策的干擾。即使黃金價格波動導致匯率變化，造成一定的對外貿易不便，但相比在國內實現價格穩定的極大好處而言，這點不便又算得了什麼。事實上，隨著主要貿易夥伴逐步脫離金本位，這種匯率變動帶來的不利影響也越來越小。

只要美聯儲能夠主動調控黃金價格，無論黃金從國外大量流入還是流出，都不會影響其穩定通貨膨脹的能力。那麼美聯儲究竟如何運用這一工具來實現其貨幣政策目標呢？

首先，如果面臨通貨膨脹風險，美聯儲可以大量拋售自身發行的債券，收回聯邦儲備銀行券，從而縮減整個銀行體系的信貸規模。這種貨幣收縮的力度是可以無限擴大的，因為美聯儲可以不受任何限制地發行更多債券。與此同時，美聯儲還可以主動降低黃金價格，阻止外國黃金湧入，進而強化其對貨幣供給的掌控力。

相反，如果經濟陷入通縮困境，美聯儲同樣可以無限制地提高黃金價格，吸引外國黃金流入，從而增加本國貨幣供給，以刺激經濟復甦。只要美聯儲掌握了對黃金價格的調控能力，它就能夠充分發揮其作為最後貸款人的職能，為經濟注入所需的流動性。

整體而言，美聯儲透過靈活運用黃金價格槓桿，可以無限制地擴大或縮小貨幣供給，從而有效維護美國貨幣政策的獨立性和主導地位，實現物價水準的長期穩定。這不僅有利於國內經濟的健康發展，也將鞏固美元在國際貨幣體系中的核心地位。

提高黃金價格穩定美國通貨

在貨幣政策的制定上，我們必須謹記一個致命的弱點——那就是政府主導的通貨膨脹。當政府擁有最高權力時，他們就可以肆意破壞既有的規則，脫離金本位，任意增加貨幣供給以滿足自身需求。這種情況通常發生在戰爭或大災難等特殊時期。法律無法阻止政府操縱貨幣，因為政府自身就是立法者。

但只要制定的規則得到遵守，經濟穩定委員會和聯邦儲備系統就能充分控制流通貨幣，將通貨膨脹或通貨緊縮限制在可控範圍。以下是一些具體措施：

1. 當黃金價格發生調整時，鑄幣廠將停止鑄造金幣，除非出現特殊情況。但財政部仍可無限制地以官方價格購入黃金。
2. 財政部將以官方價格賣出金條，以此來贖回各類可以用黃金兌換的紙幣。
3. 財政部將繼續以金條或金幣的形式從金券持有者手中贖回金券，贖回價格為當前通行的每盎司 20.67 美元或 1 美元相當於 23.22 格林的純金。
4. 鑄幣廠得到授權和指示，按照當前 1 美元相當於 23.22 格林純金的標準來鑄造金條或滿足金券持有者的金幣需求，這些金條或金幣均歸政府所有。

透過上述措施，我們可以確保金本位制得以維護，在大災難時期也能最大限度地保護貨幣穩定。雖然政府擁有最高權力，但只要遵循既定規則，經濟穩定委員會和聯邦儲備系統就可以充分掌控貨幣供給，實現貨幣政策的有效調控。這樣既可以防止政府主導的通貨膨脹，又能確保經濟的長期健康發展。

穩定經濟、恢復信心：全套經濟穩定計畫

［金融穩定的新希望］

在充滿不確定性的經濟環境中，為了確保貨幣體系的穩定和持續發展，美國政府制定了一系列周密的金融政策。首先，任何充足的金幣都可以按面值兌換成金條，這些金條將作為完全法償貨幣繼續流通。

金條的價格將與聯邦儲備系統賣出金條的官方價格掛鉤，只要是10分之9純度的標準金條，政府就會予以認證並打上官印。這樣一來，持有金券和金幣的人就無須擔心，隨時可以把它們兌換成金條。如果他們手頭的金幣黃金含量高於新的金條，可以將其熔煉成金條以獲得更多美元。反之如果黃金含量低於新的金條，則可以按面值作為輔幣使用或用新的金條來贖回。

為了應對黃金價格可能出現的波動，聯邦儲備系統有權有組織地收回並銷毀金券，最終使流通中的金券基本被聯邦儲備銀行券所取代。而如果出現通貨緊縮的風險，聯邦儲備銀行還可以重新發行一些銀行券，透過會員銀行等管道投放到流通領域，以此來調節貨幣供給。

整體而言，這一系列措施旨在確保貨幣體系的穩定性和靈活性，無論是金券、金幣還是銀行券，政府都能充分掌控，隨時根據經濟形勢的變化做出必要調整。在這樣的制度安排下，金融市場將會更加穩定，為經濟的持續發展提供強而有力的保障。

在經過了動盪的金融危機後，國會終於通過了一項重要的貨幣改革法案。這項法案將在未來六個月內逐步推進一系列措施，以穩定美元，重建金融秩序。

首先，該法案要求所有包含有「黃金條款」的債券、票據和其他合約

義務，均須在六個月內按照一定比例進行徵稅，除非雙方能在此期限內達成共識，同意以穩定的美元取代原有的黃金支付條款。這樣做的目的是要逐步淡化黃金在美國貨幣體系中的地位，從而增強美元的主導地位。

其次，該法案授予聯邦儲備系統更大的調控貨幣政策的權力。在面臨通貨緊縮的危險時，聯邦儲備可以降低對會員銀行的最低準備金要求；反之，若出現通脹壓力，聯邦儲備還可以提高準備金率。這種彈性的調控機制，有助於維護貨幣穩定。

另外，聯邦儲備委員會還採納了一項新的準備金率調整方案。根據這一方案，準備金率將等於5%加上存款日周轉率的一半（最高15%）。這種動態調整的模式，能夠更好地控制會員銀行的信貸能力，從而達到穩定物價的目標。

最後，該法案還要求聯邦儲備系統對所有非會員銀行的支票結算服務，收取一定比例的服務費。或者也可以對州銀行的存款按照西元1865年銀行券徵稅的方式進行徵稅。這都有助於建立一個全國性的統一交換媒介，增強美元的一體性。

整體而言，這項貨幣改革法案涉及面廣、力度大，必將深刻影響美國金融秩序的重建。儘管改革道路艱辛，但只要堅持推進，美元終將重拾其作為全球貨幣的地位，為美國經濟注入新的活力。

［穩定經濟的多元化方式］

除了前述的一系列措施外，我們還可以採取一種名為「印花貨幣計畫（stamped money plan）」的措施。對於我們提出的許多措施，只要採取其

穩定經濟、恢復信心：全套經濟穩定計畫

中的一部分，其他的措施就不再必要了。將這些方案全部羅列出來，是為了表示在各種可能的情況下，穩定經濟的方式是非常豐富和多樣的，儘管我們可能並未涵蓋所有可採取的方式。

需要指出的是：首先，已經有一些措施在一定程度上被採納用於實現經濟穩定的目標，例如調整再貼現率和進行公開市場操作。其次，對物價水準影響最迅速的方式可能包括印花貨幣計畫、債券儲蓄計畫以及根據存款周轉率調整準備金。再者，限制最少、最靈活自由的方式就是調整黃金價格計畫。

為了更好地協調和實施這些措施，我們建議成立一個「經濟穩定委員會」。該委員會的成員應包括：聯邦儲備委員會主席、總審計長、各聯邦儲備銀行代表以及 4 名任期分別為 3 年、6 年、9 年和 12 年的其他成員。委員會將選出自己的主席，並由財政部部長根據其授權和指示來管理 3% 的美國政府短期債券。

委員會將根據各銀行和信託公司的存款規模，向它們分配上述債券，並獲得相應的存款。這樣做的好處是，任何參與方都不會產生任何額外的開銷。透過上述多元化的方式，我們有信心能夠有效應對通貨膨脹和通貨緊縮，維護經濟的穩定。

委員會為了增加銀行的貸款和投資能力，同時維持物價水準的穩定，制定了一套創新的貨幣政策。這項政策的關鍵在於運用銀行債券這個工具，透過靈活的操作實現了多方面目標。

首先，委員會同意銀行可以將債券轉賣給聯邦儲備銀行，或是用作抵押品。這使得銀行的流動資產得到了增強，從而提升了其放貸和投資的能力。這不僅為大眾創造了新的購買力，也推動了物價水準的上升。對於單

一銀行來說，這相當於向其金庫注入了相當於債券面值的黃金，而只需要3%作為準備金。這種改善銀行頭寸的效果，可以在短短一、兩天內透過電報迅速實現，甚至在債券實際發行之前就可以生效。

其次，當物價水準恢復到法定標準後，委員會還可以透過重複或反向的操作，調整債券的數量，從而維持物價的穩定。這需要得到聯邦儲備系統的配合，如果可能的話還需要與外國政府和中央銀行進行合作。聯邦儲備系統的主要政策工具包括公開市場操作、買賣黃金、調整再貼現率，以及信用配給等。

總之，這套創新的貨幣政策充分利用了銀行債券這一工具，不僅提升了銀行的流動性和信貸能力，促進了經濟活動，而且還能靈活調控物價水準，維護經濟的整體穩定。這對於實現充分就業和物價穩定的目標都具有重要意義。

［聯邦儲備銀行的權力與責任］

聯邦儲備銀行作為美國的中央銀行系統，擁有廣泛的權力和責任，用以維護美國經濟的穩定與發展。根據《聯邦儲備法》，聯邦儲備銀行擁有以下主要權力和責任：

1. 調節聯邦儲備銀行的黃金儲備率。聯邦儲備銀行可以根據經濟情況，調整其黃金儲備率，以維持經濟的穩定。
2. 向會員銀行及非會員銀行提出建議。聯邦儲備銀行可以向銀行系統提出各種政策建議，包括調整貼現率、進行公開市場操作，以及進行再貼現等，以協助銀行配合穩定經濟的政策。

穩定經濟、恢復信心：全套經濟穩定計畫

3. 與國際銀行進行合作。聯邦儲備銀行可以與國際清算銀行等非美國銀行建立連繫，進行磋商與合作，並進行合法交易。

4. 進行統計分析。聯邦儲備銀行會進行詳細的統計分析，以掌握經濟情況，為制定政策提供依據。

5. 向大眾進行宣傳。聯邦儲備銀行也會向大眾宣傳其政策，增加透明度和理解。

6. 動用政府債券。如果聯邦儲備系統的自由黃金數量接近枯竭，聯邦儲備銀行可以動用其持有的政府債券，以維持銀行券的發行。

7. 發行計息債券。如果聯邦儲備系統持有的證券接近枯竭，聯邦儲備銀行可以自行發行並銷售新的計息債券，並確定其數量、到期日和利率。

8. 調整最低儲備要求。聯邦儲備銀行可以根據需求，調整聯邦儲備銀行的法定最低儲備要求，以維護經濟的穩定。

總之，聯邦儲備銀行擁有廣泛的權力和責任，以確保美國金融體系的穩定與發展，為經濟繁榮做出重要貢獻。

在這個充滿不確定性的金融市場中，保持黃金價格的穩定是美國政府的一項重要任務。為了確保黃金儲備處於合理水準，並防止投機行為對政府造成損害，聯邦儲備系統獲得了一系列管理黃金價格的特殊授權。

首先，如果委員會認為黃金儲備太接近於規定的下限，在其他方法無效的情況下，委員會有權提高黃金的官方牌價。反之，如果黃金儲備率被認為過高，在其他方法無效的前提下，委員會也可以降低黃金的官方牌價。無論價格上升還是下降，委員會都有權在買賣價格之間設定一定的價差，以阻止投機者試圖從中獲利。

其次，為了確保政府以一致的價格買賣黃金，而非尋求利潤，美國財政部、鑄幣廠以及相關機構都被授權按照聯邦儲備系統的價格進行黃金交易。這種特殊的保護措施，是為了避免投機行為對政府造成損害。一旦黃金價格變動足以使儲備率恢復到合理水準，並且新的價格在相當長時間內保持穩定，則可以取消這一價差，讓買賣價格再次統一。

最後值得一提的是，所有黃金交易的利潤和損失，最終都由美國財政部承擔。這意味著政府將承擔保持黃金價格穩定所需的所有風險和成本，而不會將其轉嫁給普通民眾。透過這種全面的管理措施，政府希望確保黃金市場的健康發展，並維護美元的穩定地位。

［黃金儲備管理策略與反投機措施］

美國聯邦儲備系統在管理黃金儲備時，會密切關注儲備率並採取適當措施來維持在合理水準。具體而言：

如果黃金儲備率被認為過低，接近規定下限，在其他方法無效的情況下，委員會有權提高黃金的官方牌價。相反，如果儲備率過高，委員會也可能降低黃金牌價。無論價格上漲還是下跌，委員會都有權在買賣價格之間設定一定的價差，以防止投機者利用流言操縱市場獲利。

政府相關部門如財政部、鑄幣廠等都被授權按照聯儲會的價格買賣黃金。這一方面是為了防範投機行為，因為政府並非單純追求買低賣高的利潤，而是維護黃金儲備安全。一旦新的價格穩定了儲備水準，就可取消價差，買賣價格再次統一。

所有黃金交易的利潤和損失都由美國財政部承擔。這種方式有利於確

保政策的貫徹執行，避免干擾市場正常運轉。整體而言，聯邦儲備系統運用各種措施，靈活調控黃金官價，維護黃金儲備安全，同時又防範投機活動，展現了政府穩健的金融管理能力。

經濟穩定委員會不是隨時都有權去改變黃金價格。只有當此舉對於防止通貨膨脹或通貨緊縮來說是必要時，委員會才有權這樣做。只要每盎司純金等於 20.67 美元的當前價格標準能維持一個穩定的物價水準，這一價格標準就不會發生變動。但是，如果保持黃金價格不變並不能維持物價水準的穩定，那麼也應該做出一些調整。

委員會必須一有需求，就採取相應的動作。當委員會被賦予穩定物價水準、保持法定的黃金儲備率的責任時，人們不應該拿「應該保持黃金價格的穩定」這樣的說辭對其進行苛責。保持一個不變的黃金價格的唯一合乎情理的目標是防止通貨膨脹和通貨緊縮，因此如果調整黃金價格能讓這一目標得到更好實現，那麼就不該有人反對這樣做。任何帶有這一目的的調整都不是對金本位制的放棄，而僅僅是對黃金的重新估值，以反映其在購買力上的重大變化。

如果沒有實質性的通貨膨脹或通貨緊縮，每盎司 20.67 美元的當前價格或許會長久地保持下去。需要進一步指出的是，為了讓黃金儲備回復到適度的水準，既不過高，也不過低，黃金價格可能會經歷一次重大的調整，而這一新的價格可能也會在未來很多年內保持不變。在這種情況下，對於那些把每盎司 20.67 美元這一數字看得很神聖的人來說，似乎沒有什麼必要擔心未來某一天這個價格會發生變動，尤其是考慮到這種價格調整只是有助於維護金本位制並實現其主要的目標──保持穩定。

［黃金標準：通貨調控的新平衡］

在金本位制中保留其優點的同時，我們也避免了其週期性缺點。通貨膨脹和通貨緊縮的不利影響被消除，取而代之的是黃金價格的臨時調整。這種調整併非為了貶值，而是為了防止商品價格標準的變動。

與法國、義大利等國不同，我們並非透過貶值金幣而重返金本位。相反，我們制定了一套規則，使金本位制能夠永久存在。每盎司 20.67 美元的金價和相應的 1 美元黃金重量，將在無須調整的情況下保持不變，除非為了實現防止通貨膨脹或緊縮的政策目標而不得不調整黃金價格。

金本位制被採用的一個主要原因是，它在某種程度上可以預防通貨膨脹。但僅依靠這一措施是不夠的，因為過去也曾出現由黃金引發的嚴重通貨膨脹。而且金本位制對於通貨緊縮也沒有防禦作用，正是為此英格蘭選擇放棄了金本位制。

在我們現行的制度下，美國不必效仿英格蘭。我們擁有一種既能防止通貨膨脹，又能防止通貨緊縮的金本位制。這種制度實際上非常接近於商品本位制，也就是真正的購買力本位制，對於債權人和債務人來說是公平的。

也許我們永遠不需要調整黃金價格，但一旦必須調整，那麼這種調整一定是有益於經濟而非有害的。我們正在尋求一種新的平衡，在維持金本位制優點的同時，也避免了其週期性缺點。這將為我們的經濟發展提供更加穩定的貨幣環境。

在黃金儲備制度下，黃金價格的調整具有自動平衡的機制。無論價格上調還是下調，都能透過兩種方式來維持儲備率的穩定。

穩定經濟、恢復信心：全套經濟穩定計畫

首先，當黃金價格上調時，會刺激黃金持有者向聯邦儲備系統出售黃金，同時抑制購買黃金的企圖。這將增加可流通的黃金供給，從而降低儲備率。同時，金庫中黃金的美元價值也會隨之上升，為儲備銀行帶來利潤。相反，若價格下調，則會抑制黃金持有者出售，鼓勵他們購買，以及降低金庫黃金的美元價值，從而降低儲備率。

其次，這種價格調整機制賦予了穩定經濟委員會強大的權力。它可以透過購買證券和商品來提高它們的價格，從而影響整個經濟。這種新增的購買力並不是以其他購買力的消失為代價，而是真正的淨增加，持續提高國家的整體購買力。

透過這種自動調節黃金價格的機制，可以有效應對通貨膨脹和通貨緊縮的威脅。只要在恰當的時候適當調整價格，就能維持儲備率和整體經濟的穩定。這種機制賦予了穩定經濟委員會無可限量的購買力，可以從根本上調控整個經濟。

［ 聯邦儲備系統在通貨調控中的無可替代角色 ］

為了說明聯邦儲備系統在維持物價水準方面的關鍵作用，讓我們設想一下，如果出現了全國性的銀行擠兌和大規模的貨幣囤積潮。這種情況下，雖然流通貨幣不斷流失，但聯儲的應對措施可以迅速彌補這一損失。聯儲可以透過購買自身發行的證券，向流通領域注入聯邦儲備券，或以存款餘額支付。只要黃金價格能適度上調，便無須降低儲備率。如果行動迅速，就能避免擠兌引發的囤積，因為囤積是通縮的結果。

即使擠兌引發了一定程度的囤積，只要聯儲有能力推高黃金價格，黃

金外流也不會妨礙其抑制通縮的能力。聯儲唯一的限制，可能是耗盡了整個現有的合法證券市場。

相反，如果經濟面臨通脹威脅，由於投機活動導致貸款猛增、支票存款不斷膨脹，此時聯儲可以無限制拋售新發行債券，回收聯邦儲備券，減少會員銀行和政府的存款餘額。這種信貸縮減的力度是無限的，因為聯儲發行債券的數量也沒有限制。

總之，無論是應對突發的銀行擠兌和囤積，還是主動遏制通脹，聯儲都擁有獨一無二的貨幣政策工具，其在維護經濟穩定中的地位舉足輕重，難以替代。

在金本位制下，美聯儲能夠透過調整黃金價格來限制通貨膨脹。只要黃金價格下降，外國對美國的黃金輸入就不會對美聯儲控制通貨膨脹產生不利影響。即使黃金價格波動引發了匯率變動，對外貿易的影響也是微不足道的，因為外貿規模只有國內貿易的十分之一。隨著主要貿易國家都放棄金本位，這種不便將更加少見。

長遠來看，重要貿易國家很可能統一採取穩定的匯率制度和政策。唯一無法充分防範的是政府主導的通貨膨脹。無論制定多麼完善的規則，政府作為立法者，始終可以破壞既有的金本位制度，增加貨幣供給以滿足自身需求，特別是在戰爭等災難時期。

但只要遵守既定規則，經濟穩定委員會和聯邦儲備系統仍能充分控制流通貨幣，將通貨膨脹或緊縮限制在可接受範圍。技術細節方面，只要黃金價格發生調整，鑄幣廠將停止發行金幣，但仍可以無限制地以官方價格購買黃金。唯一的例外是，在某些特殊情況下，鑄幣廠仍可能被要求重啟金幣發行。

穩定經濟、恢復信心：全套經濟穩定計畫

整體而言，在金本位制下，美國完全有能力透過調控黃金價格來穩定物價水準，只要政府不採取破壞性政策。只要制度得到遵守，經濟穩定委員會和聯儲系統就能有效地控制貨幣供給，維護經濟的長期均衡。

[美國復歸金本位制之路]

隨著美國財政部的新措施，政府正式重啟金本位貨幣體系。這一舉措將為金券和金幣持有者帶來一系列便利。

首先，美國財政部將以官方價格賣出金條，以此來贖回各種形式的紙幣，包括政府券、國庫券等。這意味著持有這些紙幣的人可隨時以固定的金價兌換成金條，從而保證了他們的持有資產的價值。無須擔心貨幣貶值或通貨膨脹的風險。

其次，財政部還將製造符合純度標準的金條和金幣，並確保它們擁有與黃金掛鉤的官方價值。這些金條和金幣不僅可以自由流通，持有者還可隨時將它們兌換成更多的美元。如果當前持有的金幣黃金含量更高，持有者還可以將其熔煉成金條，從而獲得更多的美元。

此外，即使某些金幣的黃金含量較低，也可作為輔幣繼續流通使用，或被政府以新的黃金高含量金條贖回。這無疑為金幣持有者提供了更多靈活選擇，充分保障了他們的資產利益。

整體而言，透過此次金本位改革，美國政府為金券和金幣持有者建立了一個更加完善的金融體系，不僅確保了貨幣價值的穩定，也為持有者提供了多種兌換選擇。這不僅鞏固了美國的金融地位，也為國民經濟的長遠發展奠定了堅實的基礎。

為了確保美國經濟的穩定發展,聯邦儲備系統制定了一系列政策工具,以應對可能出現的金價波動和通貨膨脹、通貨緊縮等偶然事件。

其中一項重要的措施,就是賦予聯邦儲備系統有組織積聚和回收金券的權力。當金價出現波動時,聯邦儲備系統可以透過收購和銷毀金券的方式,替代流通中的金券,使其逐漸被聯邦儲備銀行券取代。這不僅可以降低金價波動對經濟的衝擊,也有利於貨幣政策的實施。

此外,為應對通貨緊縮的風險,聯邦儲備系統還可以重新發行儲備銀行券,並透過會員銀行等管道注入流通。而對於通貨膨脹的風險,則可以提高會員銀行的最低準備金要求,限制銀行放貸能力,從而控制貨幣供應。

另一項有趣的建議是,將準備金率與存款日周轉率掛鉤,即準備金率等於 5% + 存款日周轉率的一半。這一做法能夠更好地動態調整準備金要求,迅速控制會員銀行的信貸能力,從而達到貨幣政策調控的目的。

整體而言,聯邦儲備系統擁有一系列有效的金融政策工具,可以針對不同的經濟狀況,靈活調整金券管理、銀行準備金要求等措施,以確保美國貨幣體系的穩定運作,促進整體經濟的健康發展。這不僅展現了聯邦儲備委員會的前瞻性思維,也充分展現了其在維護國家金融安全方面的重要作用。

［恢復經濟穩定的多重策略］

西元 1865 年 3 月 3 日,美國國會通過了修改對州銀行券徵稅法的法案,其中增加了一項新的條款:授權並指示聯邦儲備系統對所有非會員銀行的支票結算服務收取一定百分比的服務費。除此之外,還可考慮對州銀

穩定經濟、恢復信心：全套經濟穩定計畫

行的存款徵稅，理由與西元 1865 年對其銀行券徵稅相同，旨在建立全國統一的交換媒介。

另一個值得嘗試的政策是「印花貨幣計畫」。我們列舉了這麼多政策工具，並非要全部實施，而是想表達在各種可能情況下，都有多種方法可用於穩定經濟。相比之下，已有意被採用的措施如調整再貼現率和公開市場操作，其效果會相對緩慢。

而最快見效的辦法可能包括：印花貨幣計畫、債券儲蓄計畫（第 3～9 條）以及根據存款周轉率自動調整準備金（第 19 條）。這些政策手段限制較少，較為靈活自由。其中，調整黃金價格計畫可能是最為自由的政策選擇。

整體而言，我們擁有豐富的政策工具箱，可以根據具體情況選擇合適的組合，以期實現經濟穩定的目標，抑制通貨膨脹和通貨緊縮。重要的是要因勢利導，靈活運用，以最有效的方式恢復經濟健康。

新局面來臨
── 激進的經濟提議

新局面來臨—激進的經濟提議

西屋電工製造公司董事長羅伯森先生提出了一項備受爭議的建議——以 90 天承兌匯票來支付帳單。這種做法可以在一定程度上增加交換媒介，從而推高整體物價水準。雖然這種想法頗具創意，但能否真正實現仍有許多不確定因素。

另一位提出有趣建議的是馬爾科姆·羅蒂上校。他呼籲政府為承擔某些專案的企業提供補貼，以激勵它們投入這些必要但收益可能不佳的專案。透過競標的方式，企業家可以獲得政府的優惠支持。

此外，J·B·布魯厄姆和 E·F·哈維也提出了一項針對零售商的補貼計畫。他們建議政府對於零售商每天存入銀行的存款提供一定比例的補貼，以使零售商能向消費者提供折扣。短期內這可能會降低零售價格，但長遠來看卻可能推高整體物價水準，因為貨幣流通量的增加。

這些看似激進的提議背後，無疑反映了人們對當前經濟蕭條和通貨緊縮的深切擔憂。各界正在努力尋找各種方法來刺激經濟，恢復繁榮。雖然這些想法還需進一步探討和評估，但我們不能忽視它們所代表的強烈願望——尋找突破性的解決方案，改變目前艱難的經濟局面。

［為什麼需要「蒙大拿州大瀑布城」計畫？］

大蕭條的嚴重影響下，資金緊縮問題已成為商家和買家的共同痛點。為了能夠刺激消費，並緩解商家的資金壓力，大瀑布城信用交易所的主管拜倫·德福雷斯特提出了一項名為「蒙大拿州大瀑布城」的計畫。

這項計畫的核心思想是：透過成立一家「融資公司」，向那些信用良好且有穩定工作的人群發放無擔保貸款。貸款期限可根據需求靈活調整，年

為什麼需要「蒙大拿州大瀑布城」計畫？

利率不超過6%，並由商家提供背書擔保。這樣一來，就可以立即放出數十億美元的資金流入市場，刺激購買行為的發生，進而帶動商家的借貸和投資。

德福雷斯特先生如是論述他的設想：「透過這一計畫，我們可以在全美各地徵信機構的基礎上，向值得信賴的人群發放數十億美元的貸款。這些貸款無須任何擔保，僅需商家的背書即可。如此一來，大量資金就能源源不斷地流入到交易領域，重振市場，幫助商家度過難關。」

的確，自1929年以來，由於經濟低迷，大量存款貨幣已經蒸發，加上商家的借款意願下降，流通速度也大幅降低。如果能夠首先刺激購買行為的發生，商家的借貸意願勢必會隨之而來。於是，這項「蒙大拿州大瀑布城」計畫應運而生，旨在透過放貸的方式，帶動消費，從而帶動商家的借貸，最終實現經濟的復甦。

為了刺激消費活動，一些機構提出了一個巧妙的設計方案。這一計畫涉及發行一種特殊的美元鈔票，其特點是背面被分割成12個部分，每個部分標有1美分的印花稅票。這些鈔票的日期分別對應連續12個月的第一天。政府將向每個公民或登記選民發放100張此類鈔票，作為一種「禮物」。

這一計畫的目的，是為了增加貨幣的流通速度，推動物價水準的上升。這種鈔票是完全合法的法定貨幣，任何人都無法拒收。但持有者會想盡快使用它，因為每過一個月就要支付1美分的印花稅。據猜想，這種鈔票一年內平均可流通12次以上。

這實際上是對囤積行為徵收印花稅的一種方式。一方面增加了貨幣的數量，另一方面也提高了貨幣的流通速度。當12個印花空間全部填滿

新局面來臨—激進的經濟提議

後,政府將按照一定的方式將其贖回,可能用另一張同類鈔票或普通美元來取代。

這一計畫被認為可以在一定程度上刺激消費,促進經濟活動的活躍。不過,其是否符合公平性、能否真正實現預期目標,仍需要進一步的研究和討論。因為毫無疑問,這一方案也會對大眾造成一定的負擔和影響。我們需要謹慎地評估其潛在的利弊,審慎地制定和實施,以期真正達到預期的效果。

[拯救經濟的可行方案]

如果向全國 4,000 萬人口派發 100 張印花美元,政府相當於總共獲得了 3.2 億美元的財政收入(8 美元 ×4,000 萬)。這種獨特的計畫,能立即讓每個消費者,包括失業者擁有一定的購買力。實際操作時,可將受益對象限定為 800 萬失業人口,每人派發 500 美元。這樣總共發行的美元數量不變,但能直接解決失業救濟和通貨膨脹兩個問題。

這些新發行的美元鈔票,將成為現有流通媒介的增量,而且流通速度更快。當人們感受到物價上漲的效果時,就會停止囤積其他貨幣,所有貨幣包括存款都會加快流通。簡單來說,新貨幣的推出,透過提供新的購買力和懲罰延遲消費的行為,來促進經濟運轉。

其他流通媒介會出現輕微收縮,因為大眾需要拿出一部分錢購買印花稅票,但這只占每月新增貨幣的 1%。即使政府把大眾上繳的這些錢全部閒置不用,新增美元數量也仍會比政府收入多(最後 8 個月除外)。據推測,政府不太可能完全不動用這些錢,因此貨幣淨增量在 9 年內平均每年

可達 20 億美元，約為總發行額的一半。

透過這種激進而有效的貨幣發行政策，我們可以有效緩解經濟衰退，刺激消費，提振就業，最終實現經濟復甦。這無疑是一個值得認真考慮的可行方案。

這一計畫的一個優勢在於它並沒有對黃金儲備造成壓力。它也不會讓財政部感到措手不及，更不是像獎金法案這樣特別的法規（除非是作為失業救濟）。儘管這一計畫如果被用於（尤其是）失業救濟，就可能被稱作是一種救濟行為，但它至少是一種沒有成本的救濟行為。事實上，如同免除政府間債務可能會使美國的納稅人變得更為富有，而不是變得更加貧窮一樣，它也會透過對貨幣病發動攻擊，而使我們其他人變得更加富有。

這個想法聽起來可能有些奇怪和不同尋常，但它卻是一個充滿想像力的貨幣解決方案。這種向失業者或所有人派發禮物的做法確實可能遭到一些反對聲音，但我們要明白印花美元還可以以其他幾種方式投入到流通中。例如，我們可以將它視為政府向大眾發放的一筆貸款，每月按貸款額的 1% 還款。就好像埃夫里曼先生（Mr. Everyman）打算以可靠的抵押品為擔保從復興金融公司貸款一樣，他同意以分期付款的形式透過印花稅票來償還這筆錢。

只要人們意識到了修正已經崩潰的價格結構的極度重要性，這些看似矛盾的結論就不會讓人感到驚訝。我們也沒必要擔心，向失業人員派發這樣的禮物會鼓勵人們失業，因為除非再出現一次經濟蕭條，否則就不會再有這樣派發的機會。當然，沒有哪個失業者會為了再享受一次 500 美元的待遇而情願依舊保持失業狀態。在此期間，非自願失業將會隨著經濟的復甦而消失。

新局面來臨—激進的經濟提議

總之，這個創新的貨幣政策方案雖然看起來有些不同尋常，但卻可能成為應對當前經濟危機的一種重要方法。只要我們能夠開放心胸，接受一些不同尋常的想法，相信必定會找到一條走出困境的道路。

［一個推行印花貨幣的計畫］

這種印花貨幣計畫的妙處在於，各方都能從中獲益而無人受害。政府擁有充足的擔保，收回印花貨幣的能力有保證。借款獲得一筆看似「禮物」的貸款，雖然之後需要繳納印花稅，但相比於拿到現金的好處而言，這點負擔自然微不足道。

那麼，所有貼上印花的人都能從中獲益。這一計畫能迅速改善經濟環境，所有人都能感受到。每個人支付的印花稅或銷售稅都極其微小，就像現在支付支票印花稅一樣，大家都覺得可以接受。

當然，這一計畫需要妥善安排很多管理細節。比如當有人拿一美元的印花貨幣購買不到一美元的商品時，可以要求另一方再支付一美分作為下次印花稅，如此既可避免爭議，又能確保每個人都承擔應有的稅負。

這一計畫也可以作為私人應急之策付諸實施，個人、企業、銀行、清算所以及地方政府都可以採用，只要聯邦政府不反對。清算所券目前已經開始流通，我們甚至不需要專門的補償貨幣法就能實施。這種自願性的計畫在德國某些地區已經試行成功。

當然，為了確保預定的通貨再膨脹效果，這一計畫最好還是由政府來主導控制。相信只要妥善實施，這一計畫必將為經濟注入強心針，使整體受益。

一個推行印花貨幣的計畫

　　這一計畫不僅可作為應急措施來對抗經濟蕭條、阻止貨幣囤積和啟動通貨膨脹，還可化為一個永久性的經濟穩定工具。政府可調控印花美元投放量和頻率，或者同時改變這兩者，來達到經濟調控的目的。甚至，政府還可以直接用這種鈔票支付自身開銷或購買債券。

　　為了讓這種鈔票發揮應有作用，我們可根據需求對其發行數量進行調控。這種調控必須受法律限制，參照特定指數進行，且只能出於穩定經濟的目的。

　　指數研究院歐洲分支機構院長赫爾曼・沙伊伯勒博士提出了一項「黃金休戰計畫」。國際勞工組織早已就此向國際聯盟提交提議，要求其相關權力機構進行表決。經濟委員會也已就此進行了討論。

　　根據沙伊伯勒博士的設想，該計畫的核心在於：「幾個重要的締約國彼此保證各自擁有當前的黃金占比不變。」為確保這一保證切實有效，各締約國需定期向一個國際清算辦公室報告黃金流動情況。

　　在每個結算日，如果某國黃金流入超過流出，其超出部分將移交給清算辦公室，作為一項長期計息貸款；反之，清算辦公室則會將黃金轉交給赤字國。這樣，各國所持黃金數量都會恢復到原先水準。

　　簡而言之，這一計畫旨在透過國際協調，維持各國黃金持有量相對穩定，從而為全球經濟提供持久的穩定支撐。相信只要得到各方的支持和認同，這一計畫定能發揮重要作用，成為經濟調控的有效工具。

新局面來臨—激進的經濟提議

［貨幣政策的變革與再平衡］

在這個動盪的時期，一些黃金短缺的國家正面臨著銀行業和商業陷入癱瘓的困境。對此，採取黃金撤出流通領域的計畫確實有助於化解人們對黃金短缺的擔憂。不過，除此之外，還有其他可供參考的「通貨再膨脹」性質的應對之策。

比如說，我們可以仿效戰時的做法，實施黃金禁運。這將大幅提高能夠保持黃金平價的貨幣數量，從而有助於避免喪失黃金平價並因此全面放棄金本位制。另外，我們可以授權全國性銀行以政府債券為基礎發行銀行券，或者利用之前《聯邦儲備法》中的清算所券作為緊急貨幣。

我們必須注意，各國之所以主要採用金本位制，一方面是由於它擁有悠久的聲望，另一方面也是因為黃金是最為便利的國際結算媒介。但是，我們不應該認為黃金本身就具有絕對的價值穩定性。事實上，1932年，我們看到許多國家都在放棄或調整金本位制，並尋求更為穩定的替代品。其中一種調整方式是「美元補償」計畫，另一種則是恢復白銀的地位，讓白銀和黃金共同發揮作用，以拓寬我們信貸結構的基礎。

1926年，英格蘭在印度廢止了白銀的通貨地位，導致白銀價格相對於黃金大幅下滑，白銀購買力也隨之下降。這促使僅存的銀本位制國家——中國，其商品價格水準出現了明顯上漲。而事實上，金本位制國家出現的物價水準下降，已經對其商業和出口構成了傷害，相比之下，銀本位制國家的物價水準上漲反而對其商業和出口產生了促進作用。

我們必須審慎地思考，在這個危機四伏的時代，如何透過貨幣政策的調整與再平衡，來維護經濟的穩定，並促進各國間的公平競爭。這需要我

們跳出固有的框架，積極探索新的可能性。只有這樣，我們才能找到引領我們走出困境的道路。

恢復白銀的地位對於金本位制國家而言是一個值得追求的目標。這不僅能扭轉我們相對於銀本位制國家的不利地位，更可以拓寬我們的貨幣基礎，為經濟提供更穩定的支撐。

當前（1932年）的困境在於，我們缺乏足夠的黃金儲備來可靠地維持物價水準。即使現在夠用，未來也難保這種充裕狀況能長期持續。這意味著我們只有兩難選擇——任由物價下降並造成債務人困境，或是冒物價水準崩潰的風險將其推回原位。這種局限性顯示，將白銀重新納入儲備系統或許是一條出路。

實現這一目標有多種路徑可走。金銀複本位制是一種選擇，但它本身存在過大的不確定性，最終可能還是會回歸某一種單一貴金屬本位。另一種選擇是採取混合本位制，理論上更為合適，但實際應用卻困難重重，如何處理「黃金條款」等合約條款就是一大挑戰。

因此，我們需要仔細評估各種方案的利弊，找到最佳的實施路徑。無論如何，讓白銀重拾重要地位都會有助於維持物價水準的穩定和可靠性，這對我們而言至關重要。我們應該拿出時間和精力來實現這一目標，為國家經濟發展注入新的動力。

新局面來臨—激進的經濟提議

［重塑金銀貨幣體系 —— 蘭德先生的新構想］

在這艱難的時期，尋找穩定貨幣體系的出路成為棘手的課題。在眾多方案中，我最看好由小詹姆斯・H・蘭德先生提出的這一計畫。他的設想彰顯了一股創新精神，值得我們認真考慮。

蘭德先生建議，我們像《謝爾曼法案》所規定的那樣，以市場價格進行白銀收購。透過這一措施，我們可以發行或隨時準備發行新的金銀幣。這種新的金銀幣，其 1 美元中將包含 40 美分的黃金儲備，白銀含量則與現行的銀元相當。這些新的金銀元將成為完全法償的貨幣，政府也將發行代表這些金銀幣或金銀條的券證。

值得注意的是，對於白銀的購買並非無限制的。一旦新的金銀元內在價值達到 1 美元，也就是說白銀含量價值為 60 美分，政府就會停止收購。此後，若白銀價值超過 60 美分，使得金銀元內在價值超過 1 美元，政府則會轉而出售白銀，直到金銀元的內在價值降至 1 美元以下。透過這種動態平衡的機制，金銀元的面值能夠得到良好維護。

這種設計的優勢在於，它賦予了金銀元儲備貨幣的地位，同時保留了黃金作為本位貨幣的核心地位。政府對白銀的買入和賣出都設有明確的上限，既確保了金本位的基礎，又賦予了白銀一定的貨幣功能。這種兼顧黃金和白銀的雙元體系，無疑為我們重構更加穩固的貨幣架構提供了新思路。

我相信，如果能夠得到其他國家的配合，這一構想必將成為重建全球貨幣秩序的有力支撐。在當前世界經濟動盪的背景下，重塑可靠的貨幣基礎至關重要。蘭德先生的方案無疑為我們指明了一條康莊大道。讓我們共

同努力,為重建穩定的貨幣體系貢獻智慧和力量。

　　金本位制的終結無疑是一個艱難的歷史程序。正如我們所見,英國和美國在摒棄這一貨幣體系時,都曾歷經不同程度的波折和痛苦。但是,隨著時代的推移,我們必須正視事實,金本位制已經不再符合現代社會的需求。相反,以法定紙幣為基礎的貨幣體系,正在成為世界各國的共同選擇。

　　在聯邦儲備系統中,我們可以清楚看到這一轉變的徵兆。銀元和銀券等「不兌現」貨幣,正在逐步取代黃金成為會員銀行的存款準備金。這意味著,一種以國際紙幣為基礎的新貨幣機制,正在悄然興起。這種機制如果能夠透過國際條約的方式,在各國間得到統一的法定地位,無疑將大大增強貨幣的流通性和信用。

　　當然,脫離金本位制並非一蹴而就。英國和美國的經驗都說明,這是一個漫長而艱難的過程。英國政府是透過迅速宣布暫停銀行兌換黃金的方式來完成轉型的,而美國則更缺乏這種即時立法的傳統。結果,美國的黃金在爭議未決的情況下就遭到了大量外逃,造成了銀行暫停支付的局面。對於美國來說,似乎沒有更好的順序化脫離金本位制的方式。立法往往只能在經濟遭受重大損害後才姍姍來遲。

　　儘管如此,我們仍然必須面對金本位制已經過時的事實。法定紙幣體系的優越性正日益突顯,這種體系能夠為政府提供更大的貨幣政策調控空間,從而更好地應對經濟的變化。因此,我們必須以開放和積極的態度,接受這一歷史性的貨幣轉型,為未來的經濟發展奠定堅實的貨幣基礎。

新局面來臨—激進的經濟提議

[從金本位制到紙幣時代 —— 美國貨幣改革的艱難程式]

　　1932年，美國政府試圖透過立法賦予聯邦儲備委員會對黃金買賣價格的調整權。這一提案的目的是希望在緊急時期，將政府出售黃金的價格大幅提高，從而使美國迅速脫離金本位制。這一改革方案的主要優點在於其含義在政府行動之前可能不被人所理解，但正是這一難以理解的特點，最終也導致了這一提案未能獲得通過。

　　事實上，對於美國來說，脫離金本位制所面臨的最大困難在於當時存在大量以黃金條款規定的合約，這些合約要求以「具有當前重量和純度的金幣」來進行支付。儘管國會有權將美國的紙幣定為法定貨幣，但這一法定貨幣只適用於一般性質的貨幣支付合約，而不適用於那些特殊規定以金幣支付的合約。布拉德利法官指出，法院做出的多數決議，認定這項法案將那些以金幣支付的合約囊括其中是違憲的，這將徹底挫敗政府爭取的權力。

　　從法律角度來看，國會確實沒有權力廢除那些包含黃金條款的合約。面對這些棘手的合約問題，最有效的方式似乎是對其執行徵收重稅。稅收的力量被認為是無所不能的。透過對這些合約徵收重稅，政府或許能夠間接地促使合約雙方自願放棄黃金條款，從而為美國順利脫離金本位制鋪平道路。

　　這場關於貨幣改革的艱難程序，反映了當時美國在摸索如何從金本位制向紙幣時代過渡的曲折歷程。政府的改革雄心面臨著現實中各種法律和合約的障礙，需要不斷尋找新的突破口。這場史詩般的貨幣變革，最終也成為塑造20世紀美國經濟格局的重要里程碑。

　　近期美國脫離金本位制所帶來的混亂和失衡確實令人擔憂。然而，即使黃金不再作為兌現基礎，它仍能在許多領域發揮作用。我們或許可以考

慮以下方案：

首先，在法定貨幣（目前作為會員銀行存款的準備金的那部分貨幣）的基礎上，增加足夠數量的其他「法定的」不兌現貨幣，使黃金變得過剩。同時，這種不兌現貨幣也可以成為聯邦儲備銀行券的準備金。這樣一來，黃金喪失了作為兌現基礎的地位，對黃金的需求也隨即消失。政府可以將黃金去貨幣化到不再要求以黃金兌現的程度，而是要求金幣必須兌換成其他貨幣，其他貨幣則不可以兌換成金幣。

這一措施的優點在於，黃金仍將與其他貨幣保持價值對等，仍可以服務於國際貿易餘額的結算，也仍將在涉及黃金條款的合約中保持其地位。這種不兌現本位制要比任何金屬本位制都優越得多，因為它不會受制於任何特定金屬的供給。只要發行這些不兌現貨幣的政府能夠維持信用和信任，這種貨幣制度就能發揮其優勢。

如果不只一個國家支持這種不兌現貨幣的發行，而是有為數眾多的國家共同維護，那麼其安全性就會大大提高。沒有哪個國家會允許與之簽訂協議的國家濫用這一特權。透過這種方式，我們可以在保留黃金地位的同時，避免金本位制帶來的種種問題，實現貨幣的相對穩定。

［貨幣制度的新視角］

貨幣制度的選擇一直是經濟學界爭論的焦點。雖然金本位制曾被視為最理想的貨幣標準，但隨著時代的變遷，它也暴露出許多弊端。儘管保守的金本位制擁護者們仍在力主這一傳統，但事實上存在著更好的替代方案。

新局面來臨—激進的經濟提議

近期，英格蘭銀行的董事貝西·布拉克特爵士提出了一個值得關注的觀點。他認為，我們應該認真考慮其他形式的國際本位制，如複本位制、混合本位制或某種非金屬本位制，看看它們是否能產生比金本位制更好的效果。如果答案是肯定的，那麼接下來的問題就是，是否已具備採用這種制度的條件。

布拉克特爵士指出，金本位制過於受制於金礦的發現這一偶然因素的影響，容易遭到有意識或無意識的操縱。在這種制度下，由於某些偶然因素導致銀行儲備枯竭，經濟可能會陷入突然的蕭條。相比之下，不兌現貨幣體系則能在較短時間內得到加強，避免真正的蕭條發生。更重要的是，在不兌現貨幣體制下，政府可以用發行新貨幣來支付帳單，無須採取嚴苛的「平衡預算」策略，從而同時解決了公共融資和通貨緊縮的問題。

可以說，不兌現貨幣體系擁有較金本位制更多的優勢。它能賦予政府更多調控經濟的彈性，避免意外情況下的經濟崩潰，並為政府提供更好的財政工具。儘管這種制度也存在一些風險，如可能導致通脹上升等，但只要適當管理，它仍是值得認真考慮的貨幣體系選擇。相比之下，堅持金本位制的做法不免顯得過於保守。時代在變遷，貨幣制度也需要與時俱進。我們應該以開放的心態審視各種可能的替代方案，為未來經濟發展探索更加行之有效的貨幣體系。

不兌現貨幣一直有著不太好的名聲，這似乎是理所當然的。但是，事實並非如此簡單。政治因素導致了這種負面形象，而其經濟意義卻常常被忽視。事實上，隨著理論和實踐的發展，我們已經擺脫了將貨幣價值建立在其他事物之上的舊觀念。

在一戰期間的瑞典，紙幣反而比黃金更有價值，這是一個很好的例

證。同樣在烏克蘭，即使入侵德軍的政府早已倒臺，當地的紙幣卻依然在流通。這些案例顯示，人們持有紙幣並非希望將其兌換成某種實物，而是因為它本身具有價值。

我們自己的銀券，其內在價值只相當於 25 美分，甚至在 1900 年之前，並沒有明確的平價政策。這說明，即使缺乏兌換機制，貨幣也可以維持其價值。事實上，如果我們要改變這一狀況，強行要求 40% 的黃金準備金，反而會削弱而非加強我們的貨幣體系，導致通貨緊縮的風險。

更有趣的是，我們現在隨意使用的白銀貨幣和紙幣，實際上也都是有著傳統認可的。如果將其視為一種全新的創意提出，很可能會遭到嘲笑。但如果我們繼承的是一個合理、系統的不兌現貨幣體系，它同樣也會得到傳統的認可。

因此，我們不應因為不兌現貨幣的負面形象而忽視其經濟意義。相反，我們應該客觀地審視它的優缺點，理解其在理論和實踐中的演變，從而建立一個更加合理、穩定的貨幣體系。

［最佳通貨再膨脹策略］

我們面臨著嚴峻的經濟困境，無論是通貨膨脹還是通貨緊縮，都給經濟帶來了沉重的負擔。在這種情況下，不兌現貨幣體系的提議引起了我們的注意。這確實是一個從經濟理論角度來看非常理想的方案，我們不應忽視它。

然而，要真正實施這種策略並非易事。中央銀行無疑在此過程中扮演著關鍵角色，但它並非解決問題的唯一關鍵。我們需要一個更專門、更靈

新局面來臨—激進的經濟提議

活的機構,如穩定委員會,來制定和執行相關政策。

毫無疑問,通貨再膨脹是緩解當前經濟痛點的必要方式。無論是在嚴重的通貨緊縮還是高通脹之後,適度的通貨再膨脹都是必要的。這需要政府和中央銀行密切合作,採取包括調整再貼現率和公開市場操作等在內的各種信貸控制措施。

但是,實施通貨再膨脹政策並非一蹴而就。中央銀行面臨著許多複雜的問題,很難單獨擔任此重任。我們需要一個專門的穩定委員會,協調各方力量,制定更靈活、更有針對性的政策。

只有這樣,我們才能真正找到經濟穩定的最佳道路。無論是對抗通貨膨脹還是緊縮,穩定委員會都應該充分發揮作用,以確保經濟得到應有的復甦和發展。這是我們現階段最緊迫的任務之一。

在這個艱難的經濟時期,我們必須採取切實有效的措施來穩定經濟,維護金融秩序。在此,我提出以下幾點建議:

首先,我們必須加強對黃金的控制。透過實施美元補償計畫、金礦控制計畫,以及適當的黃金處置計畫,來規範黃金的流通和分配,以確保貨幣的穩定。

其次,我們要對金本位制下的信貸和紙幣進行更好的管控。可以實施印花貨幣計畫和債券儲蓄計畫,使紙幣真正成為信貸的基礎,而不是依賴於黃金。同時,我們可以考慮逐步廢除金本位制,轉而採用一種基於統一的國際紙幣的替代性貨幣體系。在這個體系下,各國可以根據共同的指數建立自己的信貸調控系統,以維持貨幣政策的協調和匯率的穩定。

再者,我們還需要制定更全面的經濟救助措施。正如胡佛總統所提出的,政府和國會應該提前規劃和實施各種公共工程項目,以創造就業;成

立經濟委員會統籌生產和解決失業；調整政府債務，恢復清償能力；成立國家信貸公司和住房貸款公司，疏通信貸管道；成立鐵路聯營，幫助鐵路度過難關；修訂《聯邦儲備法案》，強化銀行系統和反通貨緊縮政策。只有採取這樣一系列全面而有效的救濟措施，我們才能最終走出經濟危機，恢復經濟的穩定和繁榮。

[復興金融公司的曲折探索]

復興金融公司的設立源於政府希望透過各種金融措施來緩解當時艱難的經濟狀況。然而，事實證明並非所有措施都能達到預期效果。公共工程計畫、農業委員會的周轉性基金和債務延期償付計畫都未能真正發揮應有的作用。

復興金融公司可以被視為是戰時金融公司（War Finance Corporation）在和平時期的延續和嘗試。該公司最初擁有20億美元的資本規模，但實際股本不過5億美元，全部來自於美國政府的捐贈。後來公司的股本又增加了20億美元，用於發放貸款和發行15億美元的證券。

復興金融公司的業務範圍相當廣泛，可以向各類銀行，包括已倒閉或清算中的銀行，發放貸款。這些貸款對象包括儲蓄銀行、信託公司、建築和貸款協會、保險公司、抵押貸款銀行，以及聯邦中期信貸銀行、農業信貸公司和家畜信貸公司等。總計不超過200萬美元的款項被用於救助倒閉的銀行。

此外，復興金融公司還可以向正在建設或破產清算中的鐵路公司，經過州際商務委員會的批准，提供貸款支援。顯然，這家公司肩負著特殊的

新局面來臨—激進的經濟提議

歷史使命，要在戰後重建時期，幫助各個關鍵行業度過難關，為國家的復興貢獻力量。

整體而言，復興金融公司在應對經濟危機的努力不會太順利。不同的政策措施效果參差不齊，有的不盡如人意。這可能與公司本身的資金實力、業務範圍以及決策機制等多個因素有關。儘管最後未能完全達成預期目標，但復興金融公司的探索仍為之後的相關實踐提供了寶貴經驗。這些教訓對於日後制定更加有效的經濟政策至關重要。

戰後的復興重建工作並未如預期順利進行。包括公共工程計畫、農業委員會基金和銀行債務延期計畫在內的各項措施，效果大多令人失望。然而，在此艱難時期，新興的復興金融公司似乎可以發揮重要作用。

經過多年的動盪，戰後的經濟和社會秩序急待重建。雖然其他一些紓困措施未能達到預期，但這家新興的復興金融公司似乎頗有潛力，成為推動戰後復興的重要力量。它所涉及的領域廣泛，不僅僅局限於金融支援，還可能延伸到基礎設施建設、農業發展等關鍵領域。我們有理由相信，在公司專業團隊的努力下，它必將在未來的重建工作中發揮重要作用。

［擁抱新興金融工具 —— 承兌匯票促進經濟成長］

讓承兌匯票的使用成為普遍現象，這是西屋電工製造公司董事長安德魯‧W‧羅伯森先生提出的一個顛覆性建議。他認為，只要有可能，我們都應該以 90 天承兌匯票來支付帳單。這些匯票在一定程度上可以發揮增加交換媒介的作用，如果得到廣泛採納，將有助於推動物價水準的顯著提升。

另一位專家馬爾科姆·羅蒂上校也建議，政府應該為生產者提供補貼，以激勵他們參與一些政府需要的專案。這些專案往往需要大量資金投入，而企業常常不願意介入。透過政府補貼，企業家可以透過競標的方式獲得政府的優惠。

此外，J·B·布魯厄姆和E·F·哈維提出了一項零售商補貼計畫。根據該計畫，政府應該對零售商每日銀行存款提供一定比例的補貼，從而使零售商能為顧客提供折扣。短期內這將降低零售價格，但長遠來看，由於貨幣流通量的增加，整體物價水準將會上升。

還有一項名為「蒙大拿州大瀑布城計畫」的計畫正在實施。該計畫由大瀑布城信用交易所主管拜倫·德福雷斯特先生提出，旨在向社會地位較低且經濟較為拮据的買家提供無擔保貸款。只要這些人身體健康、有工作，大多數最終都能還清貸款。這一計畫使得商店老闆可以透過背書顧客的票據來融資。

可以看出，當下各界正在積極探索各種創新性的金融工具和政策支持，以促進經濟成長。承兌匯票、政府補貼、消費者貸款等新興金融形式，正在為市場注入活力，為未來發展注入新動能。

我們提出了一個嶄新的融資方案，以期為受到經濟衰退影響的民眾提供及時支援。這個計畫的核心在於成立一家「融資公司」，根據各地徵信機構的記錄，向值得信賴的民眾提供數十億美元的貸款。這些貸款採用分期償還的方式，還款期限可以根據需求彈性調整，年利率則控制在6%以內，不需任何擔保品。

這樣的計畫能夠立即將大量資金投入市場流通，為經濟活動注入急需的活力。我們知道，自1929年以來已有近百億美元的存款貨幣消失殆

新局面來臨—激進的經濟提議

盡,而剩下的流通貨幣也只有當年的40%左右。造成這種情況的一個主要原因在於商家們對於借款都十分謹慎,他們缺乏足夠的信心進行投資和消費。

因此,我們認為必須先刺激消費需求,再帶動商家的借款意願。我們提出了一個巧妙的方案:政府印製特殊的美元鈔票,每張鈔票背面分成12等分,每一部分貼有1美分的印花稅票,分別標注12個月的日期。我們建議向每位公民(或登記選民)發放100張此類鈔票。

這種做法其實就是全民共用,因此也不能算是什麼「禮物」。它的目的是增加貨幣流通,推動物價水準上升。任何人都必須按面值接受這種鈔票,因為它是合法貨幣。同時,由於持有人必須在下一個月到來前支付印花稅,他們也不會願意把它囤積起來。因此,每張鈔票在一年內平均可流通12次以上。

這一計畫在增加貨幣數量的同時,也大幅提高了貨幣流通速度,相信能有效刺激消費和投資,為受到衰退影響的經濟帶來強大的成長動力。我們希望國會能夠認真考慮並盡快實施這個嶄新的融資方案。

[重新點燃消費動力,創新的印花美元計畫]

當12個用於印花的空間都已經滿了之後,這種美元鈔票將被政府贖回。贖回方式由政府決定,既可以以另外一張同樣的印花美元,也可以用一張普通的美元來取而代之。如果這樣的印花美元經過不斷地贖回可以在市場上流通9年(108個月)的話,那麼到那時用於贖回的資金其實就可以看作是由大眾向政府提供的了,因為大眾支付了108美分的印花稅——

重新點燃消費動力，創新的印花美元計畫

這比一美元還多出了 8 美分。

如果有 4,000 萬人口收到了這 100 張印花美元，政府就相當於總共多得到了 3.2 億美元（8 美元 ×4,000 萬）的財政收入。這一獨特的計畫使得每一位消費者，包括失業者，立即擁有了一定購買力。實際操作中，必要時可以將受惠人群限定為失業者，而最初的「禮物」在數額上可以有所提高，比如說向 800 萬失業者每人派發 500 美元，這樣的話，總發行的印花美元數量還是一樣的。

這可以立竿見影地解決兩個問題：緊迫的失業救濟和通貨再膨脹。這些新的美元鈔票將成為現有流通媒介的一個增量，且其流通速度要比貨幣正常情況下的流通速度更快。只要其所產生的提高物價水準的效果被明顯地感受到，且人們事先並沒有預料到會產生這種效果，那麼囤積其他貨幣的行為就會停止，所有貨幣，包括存款貨幣，都會加快流通速度。簡而言之，新貨幣會透過提供新的購買力，並懲罰任何延遲消費掉它們的行為的方式，來促使經濟運轉起來。這項創新的印花美元計畫，無疑將為陷入停滯的經濟注入新的活力。

其他流通媒介或會略有萎縮，因為大眾需要支付部分資金購買印花稅票。不過這筆錢僅相當於每月新增貨幣的 1%。即使政府將大眾上繳的全額閒置不用，新增美元鈔票的數量仍然多於已上繳的金額（最後 8 個月除外）。在 9 年內，貨幣淨增量平均可達約 20 億美元，約為新發行總金額的一半。當然，政府不太可能把所有款項全部閒置不用。

這一計畫的優勢在於，它不會對黃金儲備造成壓力，也不會令財政部感到手忙腳亂，更不似特殊法規（除非作為失業救濟）。即使被視為救濟，它也是一種無須成本的救濟。事實上，這可能會使我們更加富有，就

235

新局面來臨—激進的經濟提議

像免除政府間債務一樣。只要大家意識到修正崩潰的價格結構的重要性，這看似矛盾的結論也就不足為奇了。

我們也無須擔心，向失業者發放禮物會鼓勵人們失業。除非再次經濟蕭條，否則不會再有這樣的機會。當然，沒有失業者會情願依舊失業，只為再領取 500 美元。在復甦期間，非自願失業也將逐漸消失。

雖然有眾多論據支持印花美元計畫，但若仍遭反對，也可以考慮其他方式將之投入流通。整體而言，這一計畫為重振經濟帶來了新的機遇。

[美元的換日祭]

如果我們把印花美元視為政府向大眾發放的一筆貸款，每月以貸款額的 1% 進行還款，這種看似奇怪的計畫其實並不太奇怪。在這些交易中，並沒有人有理由抱怨。政府有足夠的擔保，償還是可靠的。借款（最初得到這一禮物的人）獲得了他認為是個人的禮物，他似乎可以將大部分償還責任轉嫁給他人──儘管他在收到這些美元時，必須提供印花。所有貼印花的人獲得的好處都超過壞處，因為這一計畫能迅速帶來經濟好轉。每個貼印花的人都會覺得他所支付的印花稅或消費稅微乎其微，就像現在支付支票印花稅時的感受一樣。

當然，這一計畫也有一些管理細節需要安排。如果某人用一美元的印花美元購買價值不到一美元的商品，要求他再支付一美分用於下次的印花稅票（這樣另一方就不必承擔超過 1% 的稅負），可以避免很多爭議。這一計畫也可作為私人的應急之策在實際操作中使用，個人、企業、銀行、清算所、市政當局都可以實施，只要聯邦政府不反對──清算所券現已開

始流通。我們甚至不需要一部補償貨幣法的幫助。這一計畫完全採取自願方式實施，而且在德國某些區域已有相似的計畫實施。當然，這一計畫更適合在政府的控制下實行，這樣才能實現預期的通貨再膨脹。

印花美元計畫不僅能作為對抗蕭條、阻止貨幣囤積行為和啟動通貨再膨脹的應急之策，更可以成為一個永久的經濟穩定工具。政府可以調節印花的時間間隔和投入流通的印花美元數量，充分利用這一工具來穩定經濟。政府也可以直接發行這種鈔票來支付自身開銷或購買債券。為了發揮這一計畫的最大效用，我們可以根據經濟需求對鈔票數量進行調控，但應受法律限制，並參照相關指數進行，且僅出於經濟穩定的目的。

與此同時，國際勞工組織在 1932 年 4 月提出了一項「黃金休戰」計畫，得到國際聯盟經濟委員會的支持。根據計畫，幾個主要締約國將保證各自擁有當前黃金占比不變。為確保承諾有效，各國須定期向一個國際清算辦公室報告黃金流動情況。在結算日前，若某國黃金流入多於流出，則須將差額的黃金移交給清算辦公室，作為帶有固定利率和償債基金的長期貸款；反之，清算辦公室則會將這些黃金轉給赤字國。簡言之，各國在每個結算日都會恢復到原有的黃金水準。

這一「黃金休戰」計畫旨在透過國際協調，維持各國黃金儲備的穩定，從而達到全球貨幣體系的穩定。它為解決當時的經濟困境提供了一個新思路，對我們今天面臨的貨幣和經濟挑戰同樣具有啟示意義。無論是印花美元計畫還是黃金休戰，都展現了政府在貨幣政策調控中扮演的關鍵角色，以及國際合作在貨幣穩定中的重要性。

新局面來臨—激進的經濟提議

[全球貨幣體系的轉型]

當前一些黃金短缺的國家正面臨著銀行業和商業陷入癱瘓的困境。為化解人們對於黃金撤出流通領域的擔憂，政府可以採取一些應對措施。例如，可以像戰時一樣，實施黃金禁運，這將極大提高能夠保持黃金平價的貨幣數量，避免貨幣脫離金本位。另外，全國性銀行也可以被授權以政府債券為基礎發行銀行券，就像《聯邦儲備法》中提到的清算所券，作為緊急貨幣使用。

之所以各國主要採用金本位制，是因為金本位制有著悠久的聲望，同時黃金也是最為便利的國際結算媒介。但事實上，黃金本身並不具有絕對的價值穩定性。1932年，我們看到有許多國家都在脫離金本位制，並且一些國家正在尋求取代黃金的更為穩定的東西。這顯示，金本位制被各國普遍放棄或調整的可能性很高。

其中一種調整方式就是「美元補償」計畫，另一種則是恢復白銀的地位，讓白銀和黃金一同發揮功效，以拓寬信貸結構的基礎。1926年，英格蘭在印度廢止了白銀的通貨地位，導致白銀價格相對於黃金價格大幅下滑，從而造成了白銀購買力的下降。而中國這個僅存的銀本位制國家，其商品價格水準的上漲，很好地說明了這一點。

與金本位制國家出現的物價水準下降，對其商業和出口帶來傷害不同，銀本位制國家出現的物價水準上漲，反而對其商業和出口產生了促進作用。這些變化都顯示了全球貨幣體系正在經歷深刻的轉型。

恢復白銀的地位將有助於金本位制國家扭轉其相對於銀本位制國家的不利地位。實現白銀價格相對於黃金價格的上漲，可以為我們帶來諸多好

處。首當其衝的就是拓寬了我們的貨幣基礎。這可以透過多種方式實現，比如使白銀再次成為法定的銀行儲備，從而擴大信貸結構基礎。

我們必須承認，目前黃金儲備並不充足，難以可靠地維持經濟蕭條前的物價水準。即使暫時黃金儲備充足，也難以長期保持。這意味著我們只能在兩難境地中徘徊——要麼任由物價水準下降，忍受債務人的困境；要麼讓物價重回原位，又面臨著物價崩潰的風險。

相比之下，使白銀重新成為銀行儲備是一個更可靠、更持久的選擇，有助於維持適當的物價水準。恢復白銀的地位有多種方式，比如金銀複本位制和混合本位制。雖然混合本位制理論上更可取，但實際操作更為複雜，需要解決許多問題。

整體而言，透過恢復白銀的地位，我們不僅能改善相對於銀本位制國家的不利地位，更能拓寬貨幣基礎，為經濟提供更穩定的貨幣環境。這無疑是值得我們付出時間和精力去實現的目標。

[重建失衡的貨幣體系，蘭德先生的金銀元計畫]

蘭德先生提出的這項計畫無疑是我見過最好的解決方案之一。他的想法是，我們可以效仿《謝爾曼法案》的做法，以市場價格購買白銀，然後發行新的金銀元。這種金銀元將包含 40% 的黃金儲備和相當於現有銀元中白銀含量的白銀，並成為完全法償的貨幣。同時，也會發行代表這些金銀幣或金銀條的券證。

政府的白銀購買行為並非無限制的。一旦金銀元的內在價值達到 1 美元，也就是說白銀部分價值為 60 美分，黃金部分為 40 美分，政府的購買

新局面來臨─激進的經濟提議

就會停止。反之，如果白銀價值超過 60 美分，使得金銀元的內在價值超過 1 美元，政府就會轉而出售白銀，直至金銀元的內在價值恢復到 1 美元。透過這種動態調節，金銀元的市場價值將得以穩定在 1 美元左右。

這一計畫的優勢在於，它在維持黃金本位制的基礎上，利用白銀提供了額外的貨幣儲備。這不僅可以增強貨幣的抗風險能力，還能為經濟注入更多流動性。同時，政府的定期購買和出售白銀也能緩解白銀價格的劇烈波動，為貨幣政策的調控提供緩衝。

對於國家而言，實施這一計畫可以幫助重建貨幣體系的穩定性和公信力。在當前的經濟環境下，這無疑是非常必要的。如果其他國家也能夠一起參與，將會進一步增強這一計畫的影響力和操作性。我相信只要我們有智慧和勇氣去實踐，定能重塑一個更加穩健的國際貨幣秩序。

在當前經濟局勢下尋找一個適合的貨幣體系一直是一大挑戰。我認為小詹姆斯·H·蘭德先生提出的這個計畫非常有遠見，值得我們進一步探討和考慮。

當然，具體實施時還需要進一步完善細節，比如白銀購買和出售的具體操作機制、金銀儲備的管理等。但整體看來，這是一個很有前景的新構想，值得我們認真研究和採納。我相信只要我們能妥善解決好相關的制度安排，這種金銀錢幣體系定能成為未來貨幣體系改革的一個重要選擇。

［貨幣制度的演變與轉型］

在經濟變革的大潮中，貨幣制度的發展也經歷了眾多的變遷。我們不得不正視一個事實，那就是純金本位制的日子已經一去不復返了。如今，

各國紛紛放棄了金本位，轉而採取有管理的法定紙幣。這種新的貨幣機制，最好能以一種國際性的紙幣為基礎，透過簽署條約的方式，使其成為各國的法定貨幣。

然而，脫離金本位並非易事，尤其對於美國來說。我們無法像英國那樣，在一夜之間即可宣布暫停黃金的買賣。相反，我們的黃金早已被外國人和投機者抽走，各家銀行也被迫停止了支付。我們似乎沒有其他更加有序的脫離金本位的途徑可選。立法往往只能等到經濟遭受重創之後才緩慢前來。

聯邦儲備系統的運作，為我們提供了一個生動的例證。在這裡，銀元和銀券等「法定貨幣」充當了會員銀行的存款準備金，雖然它們的法償額遠遠高於其內在價值，可以說是一種「不兌現」貨幣。這種新型的貨幣機制，無疑為我們未來的貨幣制度改革指明了方向。

我們必須承認，金本位制的時代已經一去不復返了。面對新的貨幣秩序，我們急需制定出一套行之有效的管理機制，以確保貨幣體系的穩定和發展。這需要各國政府和國際組織的通力合作，共同探索出一條適合我們時代的貨幣之路。只有這樣，我們才能在瞬息萬變的經濟格局中穩步向前，不被時代所拋棄。

1932 年，美國政府試圖透過法律方式，賦予聯邦儲備委員會調整黃金買賣價格的權力。這一意圖背後，是希望能在特殊時期，將政府出售黃金的價格大幅提高，從而迅速脫離金本位制，大幅降低金元的重量。

這項提案的最大優點在於，其真正意義在政府採取具體行動之前，可能並不為人所理解。然而，正是這一難以理解的特點，最終導致了它未能得到採納。

新局面來臨—激進的經濟提議

對於美國而言，脫離金本位制面臨的一大困難在於，存在大量包含黃金條款的合約，這些合約規定必須以「具有當前重量和純度的金幣」進行支付。雖然國會有權力將美國的紙幣定為法定貨幣，並用於支付這些合約中的債務，但法律上存在爭議。

布拉德利法官表示，他無法理解法院為何做出違反憲法的裁決，否定國會的這一權力。事實上，從憲法的角度來看，國會確實缺乏廢除包含黃金條款的合約的權力。

那麼，對付這些合約最有效的方式，似乎就是對其執行徵收重稅。稅收的力量是無窮無盡的。透過施加沉重的稅賦，政府就能間接達成其脫離金本位的目標，降低金幣支付的現實意義。

這一繞路的策略，可能比直接立法更加可行。畢竟，面對既有的法律合約，政府需要謹慎地尋找突破的空間。透過稅收方式，既能維護既有契約關係，又能實現政策目標，這無疑是一個值得認真考慮的選擇。

[金本位制的替代選擇]

在脫離金本位制所帶來的混亂與失衡中，維持金本位制似乎是一個明智的選擇。然而，由於黃金如今已經無法顯著推升其他貨幣的價值，反而是從其他貨幣中獲取自身的價值，因此也許存在著一些可行的替代方案。

其中一種建議是由亞瑟·薩爾特爵士提出的。首先可以在法定貨幣（目前作為會員銀行存款準備金的部分）的基礎上，增加足夠數量的其他「法定的」不可兌現貨幣，從而使黃金顯得過剩。這些不可兌現貨幣也可以成為聯邦儲備銀行券的準備金。由於黃金失去了作為兌現基礎的地位，

對黃金的需求也隨之消失，政府可以將其去貨幣化，直到不再要求以黃金來兌現，而是要求金幣必須兌換成其他貨幣，其他貨幣則不可兌換成金幣。在這種情況下，黃金仍將與其他貨幣保持價值對等，並可以繼續服務於國際貿易餘額的結算，以及涉及黃金條款的合約。

理想情況下，這種不可兌現本位制要比任何金屬本位制都優越得多。不過，直到我們相信發行這些不可兌現貨幣的政府不會濫用其特權時，其優越性才會真正得到彰顯。如果有為數眾多的國家共同支持這種不可兌現貨幣的發行，那麼其安全性也會大大提高，因為沒有哪個國家會允許與之簽訂協議的國家濫用這一特權。

整體而言，在金本位制難以為繼的情況下，探索替代性的貨幣體系，或許能為未來的貨幣政策提供新的思路和方向。

貨幣制度的選擇是一個複雜而重要的問題。儘管金本位制曾經是一個最受歡迎的選擇，但事實上它並不是一個令人滿意的標準。保守派可能仍然力挺金本位制，但越來越多的經濟學家、商人和銀行家開始尋求其他更好的替代方案。

布拉克特爵士的看法值得認真考慮。他提出，我們應該探討是否存在比金本位制更佳的其他國際本位制，例如複本位制、混合本位制或某種非金屬本位制。如果這些替代方案能為經濟帶來更好的穩定性，那麼採用它們的條件是否已經成熟，值得認真探討。

金本位制有其缺陷，它過於受制於偶然的金礦發現等因素的影響，容易受到各種操控。在這種制度下，由於某些偶然因素導致銀行儲備枯竭，經濟可能會突然陷入蕭條。而不兌現貨幣體制則可以在很短時間內得到加強，避免這種突然的經濟衰退。

新局面來臨—激進的經濟提議

在不兌現貨幣制度下，政府可以用不兌現貨幣來支付帳單，而不必採取「平衡預算的策略」。這不僅解決了公共融資的問題，還可以應對通貨緊縮。相比之下，金本位制下的公開市場操作需要更多的技巧和努力。

我們應該謙遜地承認，既有的金本位制並非完美無缺。我們需要保持開放的心態，審慎地探討其他可行的貨幣標準，以尋找一種更加穩定和靈活的制度，使經濟命運能夠更好地掌控在自己手中。

［金錢的價值：從歷史到未來］

貨幣的價值一直是一個備受爭議的話題。過去，人們普遍認為貨幣的價值必須來自於其他實物，如黃金或白銀。但歷史已經證明了這種觀點是錯誤的。

在第一次世界大戰期間，瑞典的紙幣反而比黃金更有價值。而在烏克蘭，即使入侵德軍已退出，他們發行的紙幣卻仍在流通。這些例子都說明，貨幣的價值並非來自其自身的實物價值，而是來自於人們對它的認可和接受。

事實上，即使是我們現行的不可兌現的銀券和紙幣，其內在價值也只是微不足道的 25 美分。而在 1900 年的金本位法案頒布前，甚至連明確的平價政策都沒有。然而這些紙幣和白銀貨幣卻被人們長期接受和使用。

如果我們把這套不可兌現的貨幣體系作為一種新的創意提出來，很可能會遭到譏諷。但由於歷史的傳承，人們習慣並認可這套體系，使得它得到了廣泛的接受。反之，即使一個更加合理、系統化的不可兌現貨幣體系被提出，也可能會遭到質疑。

因此，貨幣的價值不單是經濟學問題，更是深深根植於人們的習慣和認知。經濟學家不應忽視這種政治性和心理性因素，而應當結合歷史實踐，客觀評估不可兌現貨幣的利弊，為未來貨幣體系的發展提供有益的參考。只有這樣，我們才能建構一個更加穩定、合理的貨幣體系，為經濟發展提供堅實的基礎。

我們已經到了必須認真考慮貝西·布拉克特爵士的話的時候了。不兌現貨幣體系來代替黃金儲備的辦法，從經濟理論的角度來看，確實是一個非常理想的應對蕭條的策略。無論是通貨膨脹還是通貨緊縮，一旦經濟遭受苦難，人們對於經濟穩定問題便會表現出強烈的興趣。在嚴重而迅速的通貨緊縮之後，適度的通貨膨脹是必要的；而在嚴重而迅速的通貨膨脹之後，也需要適度的通貨緊縮。這種對原來趨勢的修正，被稱為「通貨再膨脹」。

作為一項長久的方針政策，通貨再膨脹對於穩定經濟來說是最為緊迫的問題。所有可用於通貨再膨脹的方法，也都可以用於穩定經濟；反之，所有用於穩定經濟的方法，也可以用於通貨再膨脹。我們了解到，聯邦儲備系統可以透過調整再貼現率和公開市場操作來進行信貸控制，實現這一目標。

然而，任何一家中央銀行都無法單獨成為實行通貨再膨脹措施和實現穩定的理想媒介，它必須與其他因素協調發揮作用。我們真正需要的是政府設立一個特別的機構，比如穩定委員會，專門負責統籌和協調這些工作。

只有透過重新思考和調整貨幣體系，我們才能最終走出蕭條，實現經濟的長期穩定。政府和專業機構需要共同努力，運用各種可行的政策工具，為經濟注入穩定動力，引導我們邁向繁榮。

新局面來臨─激進的經濟提議

[經濟危機下的穩定方案]

經濟動盪時期，政府和國會必須採取全面的救濟措施，以穩定經濟，減輕苦難。胡佛總統在 1931 年 12 月提出了一項全面的緊急救濟計畫，旨在化解經濟危機，這個計畫包含了多項關鍵措施：

首先，要提前實施公共工程專案，在蕭條期間創造就業機會。同時成立一個經濟委員會，負責規劃生產，並照顧失業人員。政府還應該調整國家間的債務，以恢復國際清償能力。

此外，建立由眾多銀行組成的國家信貸公司，解凍被凍結的銀行資產，救助受影響的存款人。同時成立鐵路聯營機構，幫助實力較弱的鐵路公司償還債券。

另一項重要舉措是成立住房抵押貸款公司，提供更容易獲得、利率更低的房地產貸款，以刺激住宅建築業的發展。復興金融公司還將向陷入困境的農民、銀行和企業提供貸款，使資產和貨幣重新流動。

並且，透過修正《聯邦儲備法案》，使聯邦儲備會員銀行可以以本票從儲備銀行獲得貸款，發行由政府債券擔保的聯邦儲備銀行券，以擴大銀行信貸規模。聯儲還要實施強而有力的反通貨緊縮政策，以增加會員銀行的黃金儲備和提供更靈活的貸款。

最後，要進一步修訂《聯邦儲備法案》，將全部或大部分銀行納入聯儲系統，統一和加強銀行體系。同時展開反對囤積貨幣的運動，並成立由銀行家和工業家組成的委員會，讓未利用的銀行準備金發揮作用。

整體而言，胡佛總統提出的這項全面緊急救濟計畫，涵蓋了針對黃金、信貸、紙幣等方面的各項措施，旨在從根本上穩定動盪的經濟局勢，

為經濟復甦奠定基礎。

大蕭條時期，美國政府發表了各種措施試圖扭轉經濟衰退的局面。其中，成立於 1932 年的復興金融公司（Reconstruction Finance Corporation，簡稱 RFC）可以說是當時最大規模的金融干預措施之一。

作為戰時金融公司（War Finance Corporation）在和平時期的複製品，RFC 擁有 20 億美元的資本，初期實收股本為 5 億美元，全部由美國政府捐贈。這些資金可以用於向各類銀行、企業乃至鐵路公司提供貸款。例如，農業部長獲得了 RFC 的 5,000 萬美元貸款以推展農業緊急救濟，總貸款額最高可達 2 億美元。RFC 還可以向已關閉或清算中的銀行發放貸款，不超過 200 萬美元的款項被用於此。

這些措施本意是希望透過政府主導的貸款和資金投入，來拯救陷入困境的各個行業，刺激經濟復甦。不過事實證明，其成效並未達到預期。公共工程計畫、農業委員會的周轉性基金和債務延期償付計畫等，都未能真正扭轉大蕭條的局面。可以說，RFC 在貨幣政策和財政政策以外，充當了當時政府嘗試拯救經濟的另一支力量。

遺憾的是，RFC 的資金投入和貸款最終並未能真正刺激起美國經濟的復甦。大蕭條的根源在於股票市場崩盤後造成的系統性金融危機，單純的貨幣投放和政府主導的產業救助顯然難以根本化解深層次的結構性問題。這也昭示了，政府在應對嚴重經濟衰退時，單一的財政和貨幣政策並不足以應對，還需要更加全面的改革措施才能最終走出危機。

新局面來臨─激進的經濟提議

［重振信心 ── 羅斯福新政的金融支援計畫］

　　在羅斯福新政的多項支援措施中，有些並未達到預期目標，例如公共工程計畫、農業委員會的周轉性基金以及債務延期償還計畫等，成效都令人頗感失望。然而，復興金融公司（RFC）則可視為戰時金融公司（War Finance Corporation）在和平時期的延續與發展。

　　該公司有權依據法律向各類金融機構提供貸款，包括已經關閉或正處清償過程中的銀行，對象涵蓋儲蓄銀行、信託公司、建築和貸款協會、保險公司、抵押貸款銀行、聯邦中期信貸銀行、農業信貸公司與家畜信貸公司等。不超過 200 萬美元的款項更被用於拯救已關閉的銀行。公司還可向那些從事州際貿易的鐵路公司，以及正處建設或破產清算中的鐵路公司提供貸款援助。

　　這些措施顯示出，在應對經濟大蕭條的關鍵時刻，政府積極運用金融工具進行干預和支持，以期挽救倒閉的銀行，幫助關鍵行業度過難關，恢復社會經濟秩序。雖然部分計畫未能完全實現預期目標，但復興金融公司的設立無疑是對戰時金融公司的創新借鑑，為重振民眾的信心發揮了關鍵作用。這些金融支援政策彰顯了政府在經濟危機時期扮演的積極穩定器作用，對於重建經濟秩序，恢復大眾對政府的信任，都具有重大意義。

　　在瞬息萬變的商業環境中，企業如何在繁榮和蕭條之間尋找平衡至關重要。藉由深入研究相關文獻，我們可以更容易理解影響經濟週期的各種因素，進而制定明智的決策。

　　從早期的《商業週期經濟學》（*Economics of Business Cycles*）到 1932 年出版的《1922～1932 年商業趨勢》（*The Trend of Business, 1922-1932*），

我們可以看到學者們一直在探討這些複雜的議題。1928 年出版的《最終買家》(*The Final Buyer*) 更是探討了影響消費模式的關鍵因素。這些珍貴的文獻為我們提供了獨特的洞見，有助於我們深入理解商業週期的本質。

然而，企業經營的挑戰並非僅限於掌握經濟趨勢。如何在繁榮時期掌握良機，並在蕭條時期做出適當調整，是企業必須面對的現實。理解經濟週期的本質固然重要，但更關鍵的是如何靈活應變，掌握瞬息萬變的市場機遇。

這就要求企業擁有敏銳的洞察力、快速的反應能力，以及堅韌的適應力。只有真正深入理解經濟動態，並以此為基礎制定明智的業務策略，企業才能在競爭中脫穎而出，在繁榮與蕭條中找到成功的道路。

[商業週期的理論探索]

在探討商業週期的根源時，許多經濟學家都提出了各種理論和解釋。讓我們一起探討幾位學者的研究成果。

阿塔良在 1913 年發表的著作《週期性過剩生產危機》中，提出了一個重要的觀點。他認為，在經濟繁榮時期，企業會大量投資擴張生產能力，但這往往會導致產品供給超過需求，從而引發隨後的經濟衰退。這種生產的週期性波動，正是導致商業週期的關鍵因素。

另一位學者亞亨在 1928 年的著作《經濟進步與經濟危機》中，則從貨幣因素入手探討了商業週期的成因。他指出，經濟的繁榮和衰退相當程度上取決於貨幣供給的變化。當貨幣供給過多時，會造成通貨膨脹，進而帶動經濟進入高峰期。但一旦貨幣供給收縮，就會導致經濟陷入衰退。

新局面來臨—激進的經濟提議

　　阿特曼在 1932 年發表的論文《透過數學理論探討商業週期的成因》中，提出了另一種理解商業週期的嘗試。他認為，商業週期是一種動態均衡的結果，受到諸如生產成本、消費者預期等多重因素的影響。阿特曼運用數學模型來分析這些因素的互動作用，試圖揭示商業週期背後的內在機理。

　　此外，安德森在 1931 年的論文《農業理論和商業週期》中，將視角轉向農業部門。他指出，農產品價格的週期性波動，會對整個經濟產生連帶影響，成為引發商業週期的一個重要原因。當農產品價格上漲時，會帶動薪資和其他商品價格上升，刺激企業投資，進而推動經濟繁榮。但當農產品價格下跌時，經濟也會隨之走向衰退。

　　這些學者的研究成果，無疑豐富了我們對商業週期成因的理解。雖然彼此的側重點有所不同，但他們都努力探索了造成經濟起伏的深層機理。這些豐富多彩的理論視角，為我們進一步剖析商業週期提供了寶貴的理論基礎。

　　在美國 1903 年到 1922 年的歷史中，我們可以看到失業率的起伏波動。這個時期的經濟週期變動，與產業、政府政策、以及外部環境等多重因素息息相關。

　　首先要了解失業狀況的根源。論者威廉・貝佛里奇在其著作《失業》中指出，失業並非單一因素造成的結果，而是由複雜的經濟、社會、甚至氣候等因素交織而成。他在《經濟期刊》和《皇家統計學會期刊》的文章中，深入探討了西歐地區的降雨量與小麥價格的關係，這些自然因素都會影響就業情勢。此外，美國經濟學者波恩在《資本主義危機在美國》一書中，也提到了美國經濟的週期性變化，並剖析了其中的結構性問題。

我們不難發現，在這段時期，美國經濟經歷了多次起伏。1903 年至 1907 年間，失業率相對較低，但隨後爆發了 1907 年的金融危機，失業人數急遽增加。到了 1910 年代，情況有所改善，失業率有所下降。然而，在 1920 年代初，又出現了新的失業高峰。

造成這些失業高峰的原因很複雜，既有外部因素，如戰爭、貿易、天氣等，也有內部因素，如產業結構、金融體系、政府政策等。舉例來說，第一次世界大戰的爆發，不僅直接擾亂了全球貿易秩序，也迫使美國政府頻繁調整經濟政策，這些都對就業產生了深遠影響。同時，美國當時的工業化程序也正在加快，新興產業與傳統產業之間的轉型，也導致了一些短期失業。

因此，要解決失業問題，不能僅從單一角度著手。我們需要深入了解不同時期失業高峰背後的複雜因素，制定針對性的政策來調節產業結構、金融體系，並積極應對外部衝擊。只有這樣，才能夠有效地減緩美國經濟中的失業危機，促進社會的穩定與發展。

［當代貨幣制度與價值規制］

當前貨幣制度的運作及其對經濟價值的影響一直是學界關注的熱門課題。我們在此就近期貨幣執行的特點以及其對經濟活動的影響進行深入探討。

貨幣制度的核心在於維持貨幣價值的穩定。這不僅直接關乎個人和企業的利益，也關涉到整個經濟秩序的健康運轉。因此，如何設計合理有效的貨幣規制政策，是我們急需解決的重要命題。

新局面來臨─激進的經濟提議

近年來,世界各國的貨幣制度發生了一系列重大變革。無紙化、數位化趨勢不斷推進,傳統貨幣形式正逐步向更加虛擬和靈活的方向演變。同時,在全球貿易的推動下,各國貨幣之間的聯動性也日益加強。這種變化,對原有的貨幣管理體系提出了新的挑戰。

究其根源,當前貨幣體系的困境主要展現在以下幾個方面:第一,貨幣供給機制不健全,貨幣創造與經濟發展脫節,導致通貨膨脹壓力持續上升。第二,匯率波動加劇,增加了跨國經營的不確定性。第三,貨幣政策工具的靈活性降低,難以準確掌控經濟走向。這些問題的存在,嚴重擾亂了正常的經濟運轉。

要解決這些問題,我們必須從根本上改革貨幣制度,健全貨幣管理機制。首先,應進一步最佳化貨幣供給體系,建立與經濟發展相符合的貨幣投放模式。其次,強化對匯率的調控力度,確保匯率波動在合理區間波動。再者,拓寬貨幣政策工具的應用領域,提高政策的靈活性和針對性。同時,完善相關法律法規,健全監管體系,確保貨幣政策的有效落實。

只有這樣,我們才能真正建立起符合時代要求的現代貨幣制度,為經濟的持續健康發展提供有力支撐。

在1930年代的大蕭條時期,許多經濟學家都在努力探索如何擺脫經濟不景氣的陰影。在這群學者當中,道格拉斯、伊迪、福斯特和弗里施等人都提出了自己獨特的見解和建議。

道格拉斯和戴維德在著作《失業問題》中指出,失業問題是當時最嚴峻的經濟難題。他們認為,只有政府採取積極的干預措施,如提供公共工程計畫和失業救濟,才能緩解失業狀況,恢復經濟活力。同時,他們也呼籲需要調整貨幣政策,降低利率,以刺激投資和消費。

而伊迪在《銀行與繁榮》和《貨幣、銀行信貸與價格》兩本書中，則深入探討了貨幣和信貸對經濟波動的影響。他主張透過合理調控貨幣供給，可以減緩經濟週期的劇烈起伏，維持相對穩定的物價水準。此外，他也指出銀行體系在穩定經濟方面發揮著關鍵作用，必須加強對銀行的監管。

福斯特和卡辛斯在《利潤》一書中，則從企業利潤的角度來分析經濟週期的執行機理。他們認為，企業為追求利潤最大化，常常會過度擴張生產，造成商品供給超過需求，最終引發經濟蕭條。因此，他們建議企業應該適當控制生產規模，並鼓勵工人提高消費以增強需求，從而維護經濟穩定。

另一位學者弗里施提出了一種獨特的「週期和程式分解」方法，試圖運用數量分析來解釋經濟週期的根源。他認為，經濟變動可以分解為週期性波動和長期趨勢兩個主要成分。透過對這兩個成分的分析，可以更容易理解經濟波動的機制，為制定有效的經濟政策提供依據。

這些學者的研究為我們認識和應對當時嚴峻的經濟環境提供了寶貴的啟示。他們或從失業、貨幣、利潤等不同角度入手，或採用數量分析的創新方法，都在試圖破解經濟蕭條的根源，尋找復興經濟的出路。雖然當時的政策措施並未完全奏效，但他們的理論探索仍然值得我們今天反覆思考和借鑑。只有深入理解經濟運作的規律，才能更好地應對未來的挑戰，擺脫經濟蕭條的牢籠。

新局面來臨—激進的經濟提議

[提高經濟穩定的道路]

在這個不平衡的世界中，如何實現經濟的長期穩定是一直困擾著學者和政策制定者的棘手問題。我在上述著作中提出了一些個人的觀點和建議，希望能為解決這一問題提供一些思路和啟示。

首先，我認為要從控制經濟週期波動入手。透過適當的金融政策和財政政策調控，可以減少經濟波動的幅度和頻率，使整體經濟保持較為平穩的運作態勢。《商業循環理論》一書中詳細探討了經濟週期波動的成因和表現形式，並提出了一些調控的具體措施，如加強貨幣政策的穩定性，合理運用財政政策工具，以及改善產業結構等。

其次，在保持整體經濟穩定的同時，我們還要關注部門經濟的均衡發展。比如在〈與農業相關的經濟週期〉一文中，指出農業部門的發展與工商業部門的週期性波動存在密切關聯，因此需要制定針對性的產業政策來調節各部門之間的關係，促進經濟的協調發展。

再次，國際經濟秩序的失衡也是造成經濟不穩定的重要原因之一。在《不平衡世界中的經濟穩定》一書中，分析了在當前國際貿易和金融格局中存在的諸多問題，並提出了加強國際協調合作，推動全球經濟治理體系改革的建議。只有建立起更加公平、合理的國際經濟秩序，才能為各國經濟的長期穩定發展創造良好的外部環境。

最後，在《廢除失業制度》一書中，提出了透過適度擴大政府在經濟領域的調控職責來促進就業穩定的觀點。這不僅能減少失業率的波動，也有助於維護社會的整體穩定。同時，還強調要重視金融秩序的規範化建設，避免發生類似 1929 年經濟大蕭條那樣的嚴重危機。

綜上所述，實現經濟的長期穩定需要從多個層面著手，包括宏觀政策調控、產業結構最佳化、國際合作機制建構以及就業保障等。這需要政府、企業和社會各界的共同努力，相信只要我們堅持不懈的探索和實踐，一定能為人類社會找到通向經濟穩定的道路。

商業景氣波動往往被視為一種不可避免的經濟現象，既有其利弊。在此背景下，成本與利潤之間的關係也值得我們深入探討。

商業景氣波動會直接影響到企業的成本和利潤。當景氣繁榮時，需求旺盛，企業可以提高價格獲取更多利潤。然而，在此時，企業也通常面臨著原材料價格上漲、薪資上漲等成本壓力，這就削弱了利潤空間。相反，當景氣衰退時，需求下降，企業不得不降低價格以吸引客戶，但成本卻難以隨之快速下降，因此利潤也會緊縮。

這種成本與利潤之間的相互關係，使得企業在應對商業景氣波動時面臨一定的困難。在繁榮時期，利潤雖然較高，但成本上漲也讓經營面臨壓力；在衰退時期，利潤下降導致現金流緊張，但成本的剛性又使得成本削減受限。這就需要企業採取靈活的經營策略，既要在景氣上升時掌握市場機遇，又要在景氣下降時積極應對成本壓力，從而維護自身的盈利能力。

政府和相關部門也需要關注這一動態平衡，提出適當的政策干預。例如在景氣過熱時期，可以採取適度的貨幣政策調控需求，緩解成本上漲壓力；而在衰退時期，則可以透過財政政策刺激需求，支持企業度過難關。只有政府和企業緊密配合，才能更好地應對商業景氣波動帶來的挑戰，維護經濟的健康發展。

新局面來臨—激進的經濟提議

[科技進步與經濟變化的關係]

工業革命以來，技術進步一直伴隨著經濟的更迭變革。工廠機械設備的革新帶來了生產力的飛躍，但同時也造成了失業問題日益嚴重。近年來，自動化、人工智慧等新興技術的發展更加劇了這一趨勢。面對這一顛覆性的變革，我們必須審慎思考技術進步與經濟變化的微妙關係。

技術進步所帶來的生產力提升固然使人類生活水準得以提高，但同時也會導致大量工人失去工作。這不僅加劇了貧富差距，也可能引發社會動盪。工廠機器取代人工勞動固然提高了生產效率，但同時也淘汰了許多傳統手工業工人。而今日自動化、人工智慧的興起，更是將許多基礎性工作完全機械化，許多人因此失去謀生的機會。這種代價不容忽視，我們必須思考如何在科技進步與就業穩定之間找到平衡。

此外，經濟的發展軌跡也往往伴隨著週期性的起伏。經濟繁榮時期會促進技術革新，但經濟衰退時期往往又會打壓技術投資。這種循環性的波動也會對就業帶來不穩定影響。我們必須理解經濟波動與技術變遷的內在連繫，並制定相應的政策應對。

總之，科技進步與經濟變遷是一個錯綜複雜的關係。我們需要深入理解其中的動力機制，並制定更加周詳的政策，以確保社會公平正義，讓科技進步造福於人，而不是害於人。只有這樣，我們才能在快速變遷的時代中實現持久的經濟繁榮。

在經歷了數次嚴重的經濟危機後，我們必須深入思考經濟危機的根源和教訓。著名經濟學家瓊斯、朱格拉、肯普斯特、凱因斯和金等人透過大量的研究和分析，為我們提供了寶貴的見解。

瓊斯教授在其著作《經濟危機》中指出，經濟危機的爆發往往與過度信貸、投機和泡沫經濟等因素密切相關。他認為，政府和監管部門應該及時採取措施，遏制投機行為，維護金融市場的穩定。朱格拉博士在其代表作《商業危機》中探討了危機週期的動力學，認為信貸波動是造成危機的核心因素。肯普斯特先生在《銀行信貸與危機》一書中，深入探討了銀行信貸在經濟週期中的作用，為制定有效的貨幣政策提供了重要的理論基礎。

凱因斯教授是20世紀最著名的經濟學家之一，他在《預言與勸說》和《貨幣論》中，提出了新的宏觀經濟理論，強調政府的積極干預在穩定經濟和應對危機中的重要性。他認為，只有透過有效的財政和貨幣政策，才能實現充分就業和經濟成長。金博士在其研究成果《繁榮與衰退中的就業、工時和收入》中，深入分析了就業、工時和收入在經濟週期中的變化規律，為政府制定就業和收入政策提供了科學依據。

整體而言，上述學者的研究成果不僅深化了我們對經濟危機的認識，也為制定有效的政策應對提供了理論支撐。我們必須吸取歷史的教訓，運用現代經濟分析工具，不斷完善宏觀調控措施，以維護經濟的長期穩定和健康發展。只有這樣，我們才能更好地預防和應對未來可能出現的經濟危機。

[經濟週期與隨機事件]

經濟週期是一個複雜而富有挑戰性的現象，有許多學者試圖探討其成因和特徵。在本書中，我們深入分析經濟週期的各種理論，並探討其中的關鍵因素。

新局面來臨—激進的經濟提議

首先，我們需要了解經濟週期的基本特徵。根據威爾福德・I・金的研究，經濟週期是一種持續的週期性波動，其中包括繁榮和衰退的階段。這些週期的長度不同，有些可能持續數年，有些則更長。金認為，這種週期性波動是由一些立即的原因導致的，比如投資和消費的變化。

另一方面，尼古拉・康德拉季耶夫提出了長期經濟波動的理論。他指出，除了短期的週期性波動外，還存在著長期的波動，週期長達 40～60 年。康德拉季耶夫認為，這些長期波動是由技術進步、人口變化和其他複雜的社會經濟因素所驅動的。

與此同時，西門・庫茲涅茨提出了一種不同的看法。他認為，經濟波動可能是由一些隨機事件所引起的，例如自然災害、戰爭或政治事件。這些事件可能會干擾經濟的正常運作，導致波動的出現。

整體而言，經濟週期是一個非常複雜的問題，需要綜合考慮各種因素。我們必須深入了解不同學者的理論，並嘗試尋找一個更加全面的解釋。只有這樣，我們才能更容易理解和應對經濟波動，為社會和經濟的發展做出貢獻。

在這個快速變遷的時代，我們都希望建立一個更加穩定、持續發展的經濟體系。歷史上，出現過多次嚴重的經濟衰退和金融危機，都給社會帶來極大的痛苦和損失。這激發了學者們對經濟發展規律的探討，試圖找出維持經濟長期健康運轉的關鍵因素。

舊時的經濟學家們，如庫茲涅茨、萊斯庫等，深入分析了經濟週期性波動的原因。他們指出，經濟的蓬勃發展往往會滋生過度投機和市場失衡，最終導致嚴重的經濟危機。而要避免這種情況，關鍵在於理解和掌握經濟發展的內在規律，建立一個更加穩定健康的經濟循環。

首先，我們需要制定合理的宏觀經濟政策，透過適當的調控方式，平滑經濟週期性波動，防範系統性風險的累積。政府應該密切關注關鍵經濟指標的變化，適時發表財政、貨幣等政策工具，維護經濟的均衡發展。同時，還要完善金融市場監管機制，遏制過度投機行為，避免資產泡沫的形成。

其次，企業自身也要樹立可持續發展的經營理念。過度追求短期利潤，往往會破壞行業的長期競爭力。企業應該在產品研發、技術創新、市場開拓等方面持續投入，提高自身的抗風險能力。同時，要注重社會責任，主動參與回饋社會，增強與消費者的良性互動。

此外，我們還應該重視消費者的角色。只有消費需求的持續成長，才能為經濟注入持續動力。政府和企業應該鼓勵消費者形成良性消費習慣，增強他們的購買信心。同時，也要關注收入分配的公平性，確保中低收入族群的消費能力。

總之，實現經濟的可持續發展，需要政府、企業和消費者共同努力。只有各方通力合作，以系統性思維破解經濟發展的矛盾，才能建構一個更加和諧、穩定的經濟循環。

［商業週期，一個更深入的探討］

過去一個世紀以來，我們已經目睹了數次經濟的興衰起伏。對於這些所謂的「商業週期」，學者們一直在努力尋找規律和解釋。作為一名經濟分析學家，我有幸參與了這方面的研究，希望能夠為這個議題帶來更深入的理解。

新局面來臨―激進的經濟提議

商業週期的本質是什麼？它們是否呈現週期性？是否受到政策或意外事件的影響？這些都是我們需要探討的關鍵問題。韋斯利·米切爾在其經典著作《商業週期》中指出，這些週期性波動實際上反映了整個經濟系統的固有特性。他認為，不同行業和企業的生產、銷售、存貨等因素相互影響，最終產生了整體性的擴張和收縮。

另一位著名學者路德維希·米塞斯則從貨幣政策的角度分析了商業週期。他認為，中央銀行的政策導致了貨幣供給的波動，進而影響了投資和消費。過度寬鬆的貨幣政策會助長投機行為，最終導致泡沫崩潰和經濟衰退。相反，適度的貨幣政策則有利於經濟的穩定發展。

我們還需要考慮政治和社會因素對商業週期的影響。帕克·T·穆恩教授在編輯的《衰退與復甦》一書中指出，政府的政策干預、社會心理狀態的變化等都可能引發或加劇經濟的波動。例如，消費者信心的下降會拖慢經濟的復甦程序。

整體而言，商業週期是一個極其複雜的問題，需要從多角度進行深入分析。我們必須了解到，這些週期性波動是整個經濟系統的固有特性，既受宏觀經濟因素的影響，又受到微觀行為的驅動。只有充分理解其中的機理，我們才能更好地應對未來可能出現的經濟挑戰。

在這個迅速變遷的時代裡，我們必須重新審視並深入探討影響經濟的根本力量。本書旨在透過集合多位學者的研究成果，提出一個全新的觀點，以期能更容易理解及應對經濟週期的來源和動力。

首先，我們必須了解到經濟波動並非偶然現象，而是一種蘊含著內在法則的循環過程。正如亨利·L·穆爾所言，經濟週期並非由外部隨機因素所驅動，而是由內在的經濟因素所產生。穆爾教授在其著作《經濟週

期：規律與原因》中提出了一個重要的論點，即經濟週期的根源在於供給與需求之間的動態平衡。他認為，當供給和需求之間出現失衡時，就會引發經濟波動。

而華倫·M·珀森斯則進一步探討了如何準確預測經濟週期。在其著作《預測經濟週期》中，珀森斯教授強調了以統計分析為基礎的預測模型在預測經濟週期方面的優勢。他透過對歷史資料的深入研究，找到了一些能夠反映經濟活動趨勢的關鍵指標，並據此建立了一套完整的預測框架。珀森斯教授的工作為我們切入經濟週期的本質奠定了基礎。

此外，我們還需要關注政府在經濟調控中所扮演的角色。本書收錄了來自政治科學學會研討會的論文，探討了政府是否能夠透過價格、生產和就業的調節，有效地管控經濟週期。與會學者從理論和實踐的角度分析了政府干預的可行性和局限性，為我們提供了全面的視角。

總之，本書涵蓋了當前影響經濟波動的多個關鍵領域，兼具理論與實踐的視角。我們希望透過整合各方觀點，能夠更容易理解經濟週期背後的動力機制，為未來制定更有效的經濟政策提供依據。讓我們一起探索經濟循環的奧祕，開啟全新的認知視野。

［預測商業不確定性的挑戰］

商業預測一直是一項充滿挑戰的工作。每個時代都面臨著獨特的經濟條件和不確定因素，這使得精確預測未來走勢變得極其困難。本書就是要探討這些難題，並提出可行的方法來應對商業預測中的種種挑戰。

我們需要深入了解影響商業活動的各種因素，包括宏觀經濟走勢、行

新局面來臨—激進的經濟提議

業動態、消費者行為等。只有全面掌握這些因素,我們才能更好地預測未來的商業趨勢。但這並非易事,因為這些因素往往相互交錯、難以捉摸。

另一個挑戰是如何從大量的資料中提煉出有價值的資訊。現代企業擁有前所未有的資料資源,但如何有效利用這些資料進行分析和預測,仍是一個急待解決的難題。我們需要運用先進的統計和分析方法,才能從中提取出有意義的洞見。

此外,商業預測還需要考慮政策、法規等外部因素的影響。政府的貨幣政策、財政政策,以及各種法律法規的變化,都可能對企業的經營產生深遠影響。我們必須時刻關注這些外部環境的變化,並將其納入預測的考量範圍。

總之,商業預測是一個既複雜又富挑戰性的任務。成功的關鍵在於對各種因素的深入理解,以及運用先進的分析工具來進行預測。透過不斷的實踐和探索,我們有望找到更加精準和可靠的商業預測方法,為企業的決策提供有力支撐。

C·F·魯斯提出了一個嶄新的理論框架,用數學方式解釋經濟波動與金融危機的產生。他指出,貨幣供給的變化是導致物價和產出波動的根本因素。當貨幣供給增加時,會引發物價上升,促進企業擴大生產。但此時過度投資和資源錯配也會出現,最終導致經濟過熱並陷入危機。相反,若貨幣供給收縮,物價下降,企業會削減投資,引發產出和就業的下滑。

魯斯提出了一個涉及貨幣供給、物價和產出三大變數的數學模型,並運用該模型分析了幾起歷史性的經濟危機。他指出,1920年代的繁榮和1929年的大蕭條,都可以歸因於貨幣供給的劇烈波動。在繁榮期,過度的信貸膨脹導致投資狂熱和資產泡沫;到了衰退期,銀行大幅收縮貸款,引

發了實體經濟的劇烈收縮。

魯斯認為，若能適當調控貨幣供給，及時遏制經濟過熱或過冷，就可以避免嚴重的經濟波動和危機爆發。他建議央行應密切監控物價變動，適時採取貨幣政策干預，維持經濟的穩定運作。這一理論為後來凱因斯主義和貨幣主義的經濟政策思想奠定了基礎。

本書的研究成果不僅在理論上具有開創性，在實踐中也產生了深遠的影響。魯斯的數學模型為中央銀行制定貨幣政策提供了理論依據，成為了20世紀經濟學研究的重要里程碑。尤其是在大蕭條時期，這一理論為政府採取積極的財政和貨幣政策應對危機提供了重要理論支撐。可以說，魯斯的開創性貢獻為20世紀經濟學的發展做出了重要的奠基性研究。

[金融史上的波動與危機]

在探討現代資本主義的形成與演變過程中，我們必須審視其中所出現的各種週期性波動與經濟危機。維爾納・桑巴特在其著作《現代資本主義》中深入探討了這一問題。桑巴特指出，資本主義經濟體系中存在著固有的週期性波動，這些波動往往伴隨著嚴重的經濟危機。他細膩地分析了這些危機的根源和表現形式。

19世紀後期以來，隨著國民經濟的快速發展，金融市場也出現了日益複雜的波動。O・M・W・斯普拉格在其《國家銀行制度下的危機史》一書中，系統性地爬梳了美國19世紀以來發生的諸多金融危機，如西元1873年、1893年和1907年的金融危機等，並深入探討了其成因。他指出，這些危機往往源於銀行體系的脆弱性，以及金融市場的過度投機行為。

新局面來臨—激進的經濟提議

而對於 20 世紀初期的經濟波動，亞瑟·施皮特霍夫則從更宏觀的角度進行了分析。他在《經濟學辭典》中撰寫的論文《經濟危機》，全面整理了工業革命以來各國經濟發展中所出現的週期性波動。施皮特霍夫認為，這些週期性波動源於生產、投資和消費之間的失衡，以及技術進步與市場需求變化的不相配。

上述學者對經濟週期與危機的研究，為我們認識資本主義經濟運作的本質提供了重要的理論基礎。他們的研究揭示了資本主義經濟中固有的不穩定性，並為制定有效的宏觀經濟政策提供重要參考。

20 世紀初，世界經濟面臨的一系列嚴重危機，如 1929 年的大蕭條，更加突顯了理解和應對經濟波動的重要性。這些危機的爆發不僅造成了重大的經濟損失，也引發了人們對資本主義制度本身的反思。

在此背景下，喬治·蘇爾等學者提出了「計畫社會」的構想，認為有必要透過積極的政府干預，對經濟活動進行有效的調控和規劃，以實現更加穩定和公平的經濟發展。他們的理論為 20 世紀中葉興起的凱因斯主義經濟政策提供了重要理論基礎。

此外，富爾斯特朗行長在其《聯邦儲備政策解釋》一書中，也深入探討了貨幣政策在應對經濟波動中的作用。他認為，透過靈活的貨幣政策調控，可以在一定程度上緩解經濟週期性波動的衝擊，維護經濟的相對穩定。

總之，對於資本主義經濟中的週期性波動與危機，前述學者進行了深入而系統性的研究，為我們認識和應對現代經濟運作中的各種挑戰提供了寶貴的理論與實踐經驗。

商業週期是一直以來影響人類社會經濟發展的重要課題。歷史學家和

經濟學家長期以來研究和探討這一問題,希望能夠找到商業週期的根源,並預測其發展趨勢,以便制定出更有效的經濟政策。

透過對各國歷史資料的爬梳和分析,我們可以發現商業週期的形成和演變過程是多方面因素綜合作用的結果。農產品價格波動、工業生產的起伏、金融市場的運作等都會對商業週期產生重要影響。

首先,農業領域的波動無疑是影響商業週期的一個重要因素。眾所周知,農產品的價格和產量會隨著自然條件的變化而出現較大幅度的波動。這種波動會透過工業原料成本、工人薪資、消費者購買力等途徑,傳導到整個經濟領域,從而導致經濟活動的起伏。正如提摩申科所指出的,「農業波動在相當程度上決定了整個經濟的起伏」。

其次,工業生產自身的週期性變化也是造成商業週期的重要原因。隨著技術進步和市場需求的變化,工業部門的產能利用率會出現週期性的上升和下降。這種週期性波動會透過工業投資、消費品需求等管道影響到整個經濟。正如巴拉諾夫斯基所描述的,工業國家的經濟往往會出現週期性的蕭條和繁榮。

此外,金融市場的波動也在相當程度上影響著商業週期的演變。股票市場的價格波動、貨幣供給的變化、利率的漲落等都會對企業的投資和消費者的購買行為產生重要影響,從而推動整個經濟環境的轉變。正如華格曼所強調的,金融因素在經濟波動中扮演著關鍵角色。

總之,商業週期的形成和演變是一個複雜的過程,需要綜合考慮農業、工業、金融等多個領域的互動影響。只有深入分析這些因素,我們才能更好地預測和應對商業週期的變化,為經濟發展提供更有效的政策支持。

新局面來臨—激進的經濟提議

［貨幣與價格：對未來走向的展望］

　　從農業經濟學的角度來看，未來的物價走勢是值得我們關注的重要議題。華倫教授和皮爾森教授在 1932 年發表的文章中，對此進行了深入的探討和分析。

　　我們首先要了解到，價格的變動是一個極為複雜的過程，往往受到各種經濟因素的影響。過去的歷史經驗告訴我們，經濟景氣、政府政策、人口變化、生產技術進步以及貨幣供給等因素，都會對價格水準產生重要影響。整體而言，價格的波動與整體經濟活動的變化息息相關。

　　而貨幣政策無疑是影響價格的關鍵因素之一。瑞典學者維克塞爾在分析貨幣與信貸的關係時，指出了貨幣供給的變化會直接影響物價水準。當貨幣供給增加時，一般會帶動通貨膨脹，導致整體價格水準上升；反之，貨幣供給減少則可能引發通貨緊縮，使價格下降。

　　需要特別強調的是，縱然貨幣政策對物價有重要影響，但價格變動的決定因素並非單一。當代經濟學家凱因斯在《世界經濟危機及其出路》一書中，就指出了政府政策、社會心理預期、產業結構變遷等多方面因素，都會對價格水準產生關鍵性作用。因此，我們在分析未來價格走向時，必須掌握諸多經濟社會因素的複雜交織。

　　整體而言，預測未來的物價水準是一項艱鉅的任務，需要我們運用各種經濟理論與實證分析方法，綜合考慮諸多因素的影響。這不僅能幫助我們更容易理解價格變動的內在機制，也有助於為政府制定更加有效的調控政策提供科學依據。我相信，只要我們持續追蹤研究，定能為預測未來的物價走勢做出更加準確的判斷。

貨幣與價格：對未來走向的展望

　　金融圈內一直有關於黃金在貨幣體系中扮演角色的爭議。為了深入探討這個問題，國際聯盟於 1930 年組成了金融委員會的黃金代表團，進行了為期兩年的調查研究。該代表團在 1930 年、1931 年和 1932 年先後發表了三份報告，詳細分析了當時世界經濟大蕭條背景下有關黃金政策的諸多爭議議題。

　　首份中期報告於 1930 年發表，內容概述了代表團的工作目標和初步調查結果。報告指出，在全球經濟陷入嚴重衰退的情況下，各國貨幣政策面臨嚴峻挑戰，黃金標準制度備受質疑。代表團的任務是深入研究黃金在國際貨幣體系中的作用，為今後制定更適合的貨幣政策提供參考。

　　第二份中期報告於 1931 年發表，重點分析了當時主要國家的黃金儲備政策及其對經濟的影響。報告指出，由於各國為應對經濟衰退不斷調整黃金儲備，加之金融恐慌導致資金大量外流，導致全球黃金供給嚴重失衡，進一步加劇了經濟危機。報告建議國際間應協調一致，採取更靈活的黃金政策，以應對當前的特殊情況。

　　最終報告於 1932 年 6 月發表，總結了代表團為期兩年的調查研究成果。報告指出，大蕭條暴露了黃金標準制度的諸多缺陷，各國應該摒棄固有的黃金政策教條，根據當前經濟形勢的變化而靈活調整。報告提出了一系列建議，包括重新審視黃金在國際貨幣體系中的地位，建立更具彈性的貨幣政策框架，以及加強國際協調等。

　　與此同時，英國於 1931 年成立了金融工業委員會，就應對經濟大蕭條的貨幣政策問題進行了深入調查，並於同年發表了相關報告。該報告進一步支持了代表團提出的觀點，認為當前的黃金標準制度已難以適應經濟的需求，各國應該在保持貨幣穩定的前提下，加強政策靈活性。

新局面來臨─激進的經濟提議

整體而言,這些報告反映了當時國際社會就如何應對經濟大蕭條而進行的深入探討。它們為後續制定更有效的金融政策提供了寶貴的研究成果和政策建議。

[新制度的誕生與轉折]

在 1920 年代的美國,我們正面臨著前所未有的挑戰。隨著經濟的高速成長,失業率也不斷攀升,給社會帶來了極大的壓力。為了應對這一問題,眾多政府和專家學者進行了深入的討論和研究。

在 1923 年,美國總統召集了一個特別委員會,旨在深入探討失業和商業週期問題。該委員會邀請了一批經濟學家、政策制定者和企業代表進行廣泛的聽證,收集了大量寶貴的意見和建議。透過對這些證詞的整理和分析,委員會最終提出了一系列具有開創性的政策建議。

1925 年,H. R. 494 法案在眾議院銀行業和貨幣委員會的聽證中引起了熱烈的討論。這部法案試圖建立一個更加靈活的貨幣政策體系,以應對日益複雜的經濟形勢。在激烈的辯論中,我們聽到了來自學者、企業家和政策制定者的不同聲音,他們提出了許多有價值的觀點。

1927 年,H.R.7895 法案在銀行業和貨幣委員會的聽證中掀起了另一輪激烈的討論。這部法案旨在賦予美國聯邦儲備系統更大的靈活性和自主權,以應對經濟週期性波動的挑戰。1928 年,H. R. 11806 法案再次成為熱議的焦點。這些立法提案和聽證紀錄,為我們留下了寶貴的制度變遷歷程。

當時的經濟學家和決策者們,都在努力尋找應對失業和經濟波動的有效方法。人們提出了各種不同的政策建議,從更加彈性的貨幣政策,到加

強政府的調控能力。這些討論和辯論,最終塑造了二十世紀初美國經濟政策的重要轉折。

透過回顧這段歷史,我們可以更容易理解當時的社會背景和政策考量。這些寶貴的遺產,不僅反映了美國經濟發展的軌跡,也為我們現今面臨的挑戰提供了啟示。讓我們繼承先賢的智慧,共同開創美國經濟的更加輝煌的未來。

經濟蕭條的陰影籠罩了整個社會,人們對未來充滿擔憂和不確定。然而,在此艱難時期,我們也看到了人性中最美好的一面。穩定經濟秩序、振興實體經濟,已成為政府、企業和普通民眾的共同目標。

1932年,美國眾議院銀行和貨幣委員會聽取了威爾福德・I・金、歐文・費雪和羅伯特・L・歐文等經濟學家的意見。他們一致認為,要走出這場經濟危機,關鍵在於貨幣政策的調整。透過適度擴張貨幣供給,降低利率,可以刺激消費和投資,從而推動經濟復甦。此外,政府還應該採取積極的財政政策,增加基礎設施投資和直接救助民眾,以穩定就業和生活水準。

儘管面臨種種挑戰,我們仍不能放棄希望。1921年,美國參議院農業調查委員會聽取了聯邦準備系統主席史壯的意見。他強調,只有透過協調的宏觀經濟政策,才能實現經濟的持續繁榮。我們必須堅持理性和互助的精神,共同努力,才能度過當前的艱難時期。

經濟學期刊不斷聚焦這些重大議題。《計量經濟學雜誌》、《經濟統計評論》、《美國統計學會》期刊等都將密切關注繁榮與蕭條的相關研究。我們期待這些研究成果能為政策制定提供更多的參考依據,為社會經濟注入新的生機與活力。

新局面來臨—激進的經濟提議

　　只要我們保持理性思考和坦誠合作的態度，相信必將度過眼前的難關，重拾經濟繁榮的美好時光。讓我們共同為之努力，為子孫後代創造更加美好的未來。

新制度的誕生與轉折

歐文・費雪的繁榮與蕭條（筆記版）：
九大因素引爆全球金融災難，從過度負債到經濟大蕭條的循環解密

作　　　者：	[美]歐文・費雪（Irving Fisher）	**國家圖書館出版品預行編目資料**
編　　　譯：	伊莉莎	歐文・費雪的繁榮與蕭條（筆記版）：九大因素引爆全球金融災難，從過度負債到經濟大蕭條的循環解密 / [美]歐文・費雪（Irving Fisher）著，伊莉莎 編譯. -- 第一版. -- 臺北市：複刻文化事業有限公司，2024.09
發 行 人：	黃振庭	
出 版 者：	複刻文化事業有限公司	
發 行 者：	複刻文化事業有限公司	
E-mail：	sonbookservice@gmail.com	
粉 絲 頁：	https://www.facebook.com/sonbookss	面；　公分 POD 版
網　　址：	https://sonbook.net/	譯自：Booms & depressions. ISBN 978-626-7514-74-0(平裝)
地　　址：	台北市中正區重慶南路一段61號8樓 8F., No.61, Sec. 1, Chongqing S. Rd., Zhongzheng Dist., Taipei City 100, Taiwan	1.CST: 國際經濟 2.CST: 經濟發展 552.15　　113013108
電　　話：	(02)2370-3310	
傳　　真：	(02)2388-1990	
印　　刷：	京峯數位服務有限公司	
律師顧問：	廣華律師事務所 張珮琦律師	
定　　價：	375 元	
發行日期：	2024 年 09 月第一版	

◎本書以 POD 印製

電子書購買

爽讀 APP

臉書